어려움을 이기는 10가지 법칙

어려움을 이기는 10가지 법칙

Ten Laws for Overcoming Difficaulties

김옥림 지음

미래북
miraebook

자기 자신을 믿어라. 자기의 재능을 인정하라.
그러나 자신의 능력에 겸손하고 확고한 신념이 없다면
성공할 수 없고 행복할 수 없다.
신념이야말로 가장 빛나는 성공의 원천이다.

노만 V. 필

인생의 위대한 꿈을 위하여

아무리 목표가 하늘을 찌를 듯이 장엄하고 우뚝해도 그
것을 이루려는 신념이 약하거나 없다면 그것은 꿈에 불과
할 뿐이다. 하지만 신념이 뚜렷하고 실천 의지가 강하다면
그 꿈을 이루는 것은 어렵지 않다.

동서고금을 막론하고 성공한 이들의 가장 근원적이고
공통적인 키워드는 '신념'이었다. 그런데 중요한 것은 아
무리 강한 신념을 지녔다고 해도 실행하지 못한다면 그것
은 무용지물일 뿐이다.

실행하지 않는 신념이란 뿌리 없는 나무와 같다.

성공한 인생이 되고 싶은 사람은 자신이 가장 잘하는 일에 뜻을 세운 후 신념을 갖고 실행해야 한다.

모든 문제는 늘 자신에게 있다. 잘되는 것도, 잘못되는 것도 자신 탓이다. 물론 열심히 했는데도 생각대로 되지 않은 일이 많은 게 우리 인생이다.

미국의 저명한 강연가이자 저술가인 노만 V. 필 박사는 "자기 자신을 믿어라. 자기의 재능을 인정하라. 그러나 자신의 능력에 겸손하고 확고한 신념이 없다면 성공할 수 없고 행복해질 수 없다. 신념이야 말로 가장 빛나는 성공의 원천이다."고 했다.

성공하고 싶은 욕망이 당신의 가슴속에서 꿈틀거릴 땐 이 책에서 제시하는 실천사항을 하나씩 따라서 해보라. 그리고 한 가지 당부하는 것은 결코 서두르지 말고 천천히, 굳은 신념으로, 최선을 다해 이루고 싶은 일에 열정을 쏟아 부으라는 것이다. 당신 인생은 당신의 것이고, 당신만이 당신을 가장 행복하게 할 수 있는 것이니까.

인생은 먼 우주를 여행하는 것과 같다. 모든 것을 단숨에 이루려고 서두르지 마라. 차근차근히, 그러나 확고하게 쌓아 나아가라.

인류가 탄생한 이래 인간의 능력으로 해서 안 되는 일은 없었다. 하늘을 나는 불가능해 보이던 일도 인간에 의해 이루어졌다. 그리고 우주탐사 같은 일도 하나씩 하나씩 이루어져 가고 있다.

이 모든 것은 꿈을 이루려는 강한 신념과 투철한 실천적 의지가 있었기에 가능한 것이다.

지금 우리사회는 경제적인 어려움으로 인해 다수의 국민들이 고통을 받고 있다. 푸른 미래를 향해 힘차게 나아가야 할 젊은이들은 취업이 안돼 구석진 골방에서 하루하루를 힘겨워하고, 직장마다 일거리가 줄어 소득은 뚝 떨어지고, 비정규직은 날로 늘어만 가는데 그것마저도 없어 실업률은 사상 최악의 상태다. 한마디로 말해 총체적 위기에 빠져 있다. 이럴 때일수록 우리는 꿈과 용기와 신념을 잃어서는 안 된다.

우리 민족은 수많은 위기에서도 강한 자신감으로 어려운 난관을 극복하고, 오늘 날 세계의 경제대국으로 거듭난 신념의 민족이다.

이 책은 각 가정에서는 사라졌던 웃음꽃이 다시 피어나고, 직장에서는 힘차게 돌아가는 기계소리로 활기를 되찾고, 꿈을 잃고 방황하는 젊은이들에게는 자신의 미래를 활짝 열어 갈 수 있도록 꿈과 용기와 동기를 부여하는 등 모든 이들에게 꿈을 이루는 데 있어 빛과 소금이 되어줄 것으로 믿는다.

내가 이처럼 확신하는 것은 그 또한 나의 신념이기 때문이다.

2009년 8월 맑은 날 김옥림

contents

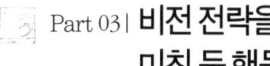

part 01
신념을 습관화하고,
신념형 인간이 되라

신념을 습관화하고
신념형 인간이 되라

가능하다고 믿는 사람이 반드시 승리한다.
– 랠프 왈도 에머슨

흔들림 없는 마음의 중심, 신념

신념은 모든 것을 가능하게 하는 긍정적 힘의 근원이다. 용기, 의지, 끈기, 패기, 불굴의 정신, 호기, 극기, 도전정신 등 모두는 강한 신념에서 나온다. 신념은 인생의 성패를 판가름하는 절대적 요소다. 그러기에 신념이 있느냐, 없느냐 하는 것은 매우 중요하다. 또 신념을 갖고 있다고 하더라도 그 강도가 중요하다.

생각해보라!

신념이 강하면 성공할 확률이 높지만 신념이 약하면 반대로 실패할 확률이 높다. 신념이 없는 사람은 용기도 없고, 의지도, 패기도, 끈기도, 불굴의 도전정신도 없다. 신념이 없으면 그 어느 것도 자신의 소신대로 할 수 없다. 마치 정신적 공황에 이른 것처럼 매사에 의욕이 없고, 소망도, 꿈도 달 그림자처럼 희미하다. 삶에 대한 집념을 찾아 볼 수도 없다. 술에 물 탄 듯, 물에 술 탄 듯, 중심이 반듯하지 못하고 주체의식이 없다.

목표가 하늘을 찌를 듯이 장대하고, 푸른 바다를 가로지르는 항공모함처럼 장엄해도 그것을 이루려는 신념이 약하거나 없다면 그것은 환상에 불과하다. 하지만 신념이 뚜렷하고 실천적의지가 강하다면 머지않아 그 꿈은 이루어진다. 아니, 그 꿈은 이미 반은 이룬 셈이다.

모든 것은 마음먹기에 달렸다.

이 말 역시 신념에서 온 것이다.

사람들은 신념이란 말을 쉽게 하지만 그 의미를 제대로 이해하고 있는 것 같지 않다.

흔들림 없는 마음의 중심, 신념!

신념을 길러라, 신념이 강한 자가 되라.

▌신념과 의지

신념과 의지를 하나로 뭉뚱그려 생각하는 것을 종종 보게 되는데, 이는 잘못이다. 신념이 어떤 일을 이루고자 하는 흔들림 없는 마음의 중심이라면 의지는 어떤 일을 이루기 위해 행하는 자세, 즉 강항 의지의 실천적 표출이라고 할 수 있다. 다시 말해 신념이 정신적인 것이라면 의지는 밖으로 드러나는 행위이다. 그래서 신념과 의지가 견고하면 목적하는 일을 이루어 내는 데 큰 힘을 얻게 되지만 신념은 강한데 의지가 약한 사람은 아무것도 제대로 이루어내지 못한다. 마음만으로는 일을 이루지 못하는 것이다. 결국 실천적 의지가 없으면 아무것도 이룰 수 없는 것이다.

또한 의지가 아무리 투철해도 신념이 약하면 어떤 일도 이루어 낼 수 없다. 목표를 이루기 위해서는 신념과 의지가 하나가 되어야 한다. 무슨 일을 하고자 할 때 마음속으로부터의 의지는 강렬하지만 그것을 행동으로 옮기는데는 게으르거나 미숙하다면 그것은 이룰 수 없다.

링컨은 미국 역대 대통령 중 국민들로부터 가장 존경받는 대통령이었다. 그가 오랜 세월이 지나도록 변함없이 존경받는 이유는 자신의 신념을 확고하게 실천해냈기 때문이다.

링컨은 정규학교 과정을 밟지 못했지만 많은 독서를 통해 지식과 지혜를 습득했다. 그는 가난이 무엇인지, 배고픔이 무엇인지, 삶의 존귀함이 무엇인지, 자신의 경험을 통해 너무도 잘 알고 있었다. 또한 사람이 사람을 구속하고 억압하는 것은 그 사람의 자유와 평화를 강탈하는 반인륜적이라는 것을 어린 시절부터 잘 알고 있었다. 그는 그 어떤 대통령도 이루지 못한 노예해방을 위하여 정적은 물론 기득권층의 강력한 저항에도 굴하지 않고 자신의 신념을 실천으로 옮겼다.

링컨 역시 많은 생각을 했을 것이다. 그냥 편히 가는 대통령이 될까, 아니면 죽음을 무릅쓰고서라도 자신의 신념대로 할까, 하고.

하지만 그는 편하고 안전한 길을 버리고 화약고를 건드리는 것과 같은 길을 택했다. 그리고는 각고의 노력 끝에 마침내 자신의 신념대로 노예를 해방시켰다. 이 일은 당시로서는 미국은 물론 전 세계적으로 놀라운 일이었다. 세계 지도자 중 어느 누구도 흑인들의 인권에 귀 기울이지 않았지만 그만은 달랐다.

그러나 링컨은 자신의 신념을 지킨 대가를 죽음으로 받았으니 참으로 애석한 결과였다.

러스킨은 실천적 학문을 주창한 비평가이자 교육자로 유명하다. 그는 학문이란 모름지기 실천을 통해서만 진정성을 획득할 수 있다고 믿었다. 그래서 실천이 따르지 않는 학문은 죽은 학문이라고 주장했다. 그의 교육에 대한 신념은 그만큼 강했다.

그의 일화를 소개한다.

그가 옥스퍼드 대학 교수로 있을 때 강의를 하기 위해 학교로 가는데 비가 억수로 퍼부었다. 길이 좋지 않아 흙탕물이 튀어 그의 옷은 엉망진창이 되었다. 간신히 강의실에 도착한 러스킨이 학생들에게 말했다.

"여러분, 여러분은 왜 경제학을 배우지요?"

그러자 한 학생이 예전에 러스킨이 가르쳐 준대로,

"자신과 다른 사람들에게 이익을 주기 위해서 입니다."

라고 대답했다. 그러자 러스킨이 미소를 띠며 재차 질문을 했다.

"지금 내가 이 강의실로 오는 동안 길이 너무 좋지 않아 많이 힘들었어요. 이에 대해 여러분은 어떻게 해야 한다고 생각합니까?"

다시 한 학생이 대답했다.

"그야 당연히 길을 고쳐야 한다고 생각합니다."

그러자 러스킨은 당장 나가서 길을 고치자고 말했다. 그의 말에 학생들은 모두 장대 같은 비를 맞으며 길을 고쳤다.

그 후, 옥스퍼드대학에서는 학문이란 반드시 실천되어야 한다는 러스킨의 가르침을 받들어 그 길을 〈러스킨의 길〉이라고 이름을 붙였다고 한다.

그런데 여기서 흥미로운 것은 수재들만 모인 옥스퍼드대학 학생들이 러스킨의 말에 따라 비가 오는 데도 불구하고 모두 함께 나가 길을 고쳤다는 사실이다. 학생들이 그의 의견에 이의를 제기하지 않았다는 건 그만큼 러스킨의 말에 공감했기 때문이었다. 학생들이 그러했던 것은 학문에 대한 그의 신념을 높이 평가했기에 가능했던 것이다.

만약 그렇지 않았다면 괴팍하고 이상한 교수로 평가되

었을 것이다.

이처럼 신념은 참으로 놀라운 것이다. 강한 신념은 사람들을 끌어들이는 강한 흡인력을 가지고 있다는 사실에 유념하자.

▌ 신념을 습관화하라

신념은 습관화할 때 강한 힘이 발휘된다.

신념이 강한 사람들은 신념을 기르기 위해 많은 노력을 했다. 말하자면 신념을 수업처럼 여겼던 것이다. 그들은 신념을 기르기 위해 마음을 다스리는 책을 읽고, 그대로 따라서 해보기도 하고, 자신의 연약한 마음을 다독이며 정진하는 데 온 힘을 기울였다.

그렇게 반복되는 중에 몸과 마음은 강인해졌고, 그것은 곧 절대 좌지우지 되지 않는 굳은 신념이 되었다.

신념을 습관화하기 위해서는 어떻게 해야 할까?

01. 스스로에게 정직해야 한다. 자신에게 한 약속은 반드시 정직하게 지켜라.

02. 반드시 실천적 의지가 뒤따라야 한다. 무언가를 하겠다고 결심했다면 무슨 일이 있어도 절대 포기하지 말고 꾸준히 밀고나가라.

03. 어떤 불신도 품지 말아야 한다. 신념 앞에 경거망동하지 마라. 자신을 믿지 못하면 신념을 기를 수 없다.

04. 신념은 자신에 대한 믿음이다. 자신을 사랑하고, 존중하는 마음을 가져라. 그리하면 자신을 중요하게 생각하게 되므로 신념을 기르는 일에 최선을 다하게 된다.

05. 마음을 다스릴 수 있어야 한다. 그러기 위해서 책을 많이 읽어라. 연약한 마음을 하나로 모으고 정진하는 데에는 독서가 명약이다.

신념형 인간이 되라

    신념은 삶의 매우 중요한 요소로써 은근과 끈기, 두둑한 배짱과 용기, 하면 된다는 강인한 정신을 갖게 한다. 아무리 꿈이 멋지고 화려하다 해도 신념이 없이는 이룰 수가 없다. 그 꿈을 이루기 위해서는 반드시 강인한 신념이 뒷받침되어야 한다.

    자신의 꿈을 이루고 한번뿐인 인생을 멋지고 보람 있게 살아가려면 신념형 인간이 되어야 한다.

신념형 인간이 되기 위한 조건과 그 유형

01. 담대한 마음을 가져야 한다.

    담대한 마음은 반석과 같이 단단한 마음을 주고 자신감을 길러준다. 똑같이 어려운 상황에 놓이더라도 어떤 사람은 차분하고 슬기롭게 대처하는 자세를 보이는데 어떤 사람은 안절부절하며 당황하여 어쩔 줄 몰라 한다. 이는 마음을 어떻게 갖느냐 하는 데서 오는 차이이다. 어떤 난관에 맞닥뜨려도 결코 흔들림 없는 자세로 일관성 있게 문제를 해결할 수 있도록 마음을 담대히 가져라.

라틴아메리카의 게릴라 지도자이자 혁명이론가인 체 게바라Ch'e Guevara!

군복에 검은 베레모가 잘 어울리는 그는 쿠바 혁명의 주체였다. 그는 아르헨티나 로사리오에서 태어났다. 인자한 아버지의 영향을 받아 부드럽고 따뜻한 품성을 지닌 그는 항상 자신보다 가난한 친구들과 어울리며 먹을 것을 나누어 주었다. 또한 그는 항상 '왜 누구는 잘 살고 누구든 가난하게 살아야 하는 걸까?'라는 의문을 가졌다.

게바라는 이런 의문을 가슴에 품은 채 의학도가 되기로 결심하고 공부를 한 끝에 1953년 부에노스아이레스 대학에서 의학박사 학위를 받았다. 하지만 그는 의학박사라는 명예를 과감하게 버리고 힘들고 어려운 사회혁명의 길로 들어섰다. 그는 그 길만이 라틴아메리카의 사회적 불평등을 해결할 수 있다고 굳게 믿었다.

그는 멕시코로 갔다. 그곳에서 망명 중에 있던 쿠바 혁명지도자 피델 카스트로와 합류했다. 그들은 단번에 의기투합했고, 쿠바 정부에 반기를 든 피델 카스트로와 반정부 활동을 벌여나갔다. 그는 전쟁도 죽음도 두려워하지 않은 대범한 사람이었다. 전쟁만이 위기에 빠진 쿠바를 구할 수 있다고 믿었다.

총알이 빗발치는 전쟁터를 누비면서 그는 자신이 지금 하고 있는 일에 대해 긍지와 자부심을 느꼈다. 그는 자신의 나라도 아닌 쿠바를 위해 목숨을 걸고 싸우며 쿠바의 민주주의를 실현시키는 일에 혼신의 힘을 다한 끝에 쿠바의 독재자 바티스타를 축출하는 데 성공하였다. 이로써 그는 쿠바가 새로운 역사를 쓰기 시작하는 일에 일등공신이 되었다.

게바라는 피델 카스트로 정부의 산업부 장관(1961~1964)을 역임한 후, 편안한 삶을 마다하고 고통과 억압 받는 사람들을 위해 또 다른 일을 벌여나갔다. 그는 비록 자신의 나라가 아니라 할지라도 억압 받는 사람들을 위해서라면 세상 그 어느 곳으로도 달려갈 준비가 되어 있었다.

게바라는 제3세계에 대한 미국의 영향력에 강력히 저항하면서 자신의 뜻을 꾸준하게 펼쳐나갔다. 그리고 1965년 분쟁 중이던 볼리비아에 잠입하여 반정부군을 이끌었다. 그러다가 불행하게도 볼리비아 정부군에게 붙잡혀 1967년, 39세의 짧은 나이에 총살을 당했다.

그는 안락하고 평안한 의사로서의 삶을 버리고 일생을 송두리째 민주화 혁명을 위해 바쳤다. 그것도 남의 나라를 위해.

그가 자신을 아낌없이 혁명에 바칠 수 있었던 것은 타고난 박애정신 때문이었다. 그는 천성적으로 타인을 사랑할 줄 아는 진정한 박애주의자였다. 그에게는 그것이 존재의 이유였고, 삶의 목적이었던 것이다.

사람들은 누구나 자신에게 주어진 환경 속에서 편안하게 살기를 원한다. 그러나 게바라는 가난하고 억압받는 사람들의 자유와 평화를 위해 헌신했다.

그가 죽은 지도 40년이 넘었다. 지금은 냉전의 시대도

가고 우익이니 좌익이니 하는 이념의 시대도 갔다. 그러나 자유와 평등과 박애를 부르짖던 그의 불꽃같은 정신은 여전히 살아서 인류의 횃불이 되어 타오르고 있다.

게바라가 자신의 일생을 헌신할 수 있었던 힘은 담대한 마음에서 우러나는 강인한 신념 때문이었다. 이처럼 신념은 무서운 것이다.

담대한 마음을 가져라.

담대한 마음은 당신을 강인한 신념형 인간으로 탈바꿈시켜 줄 것이다.

02. 항상 꿈꾸는 자가 되어야 한다

꿈이 있는 자의 눈은 새벽별처럼 반짝이고 가슴은 넉넉하며 항상 긍정적이고 막힘이 없다. 꿈을 간직하고 살게 되면 매사가 희망적으로 다가오기 때문이다. 이를 잘 말해주는 대표적인 사람이 바로 미국의 흑인 해방운동 지도자 마틴 루터 킹Martin Luther King 목사이다.

그는 비폭력 무저항운동을 펼쳐 조국 인도를 영국으로

부터 독립시킨 마하트마 간디의 영향을 받고 미국 흑인들의 인권을 위해 자신의 일생을 바친 자유와 평화의 상징적 인물이다. 그가 목숨을 위협받으면서도 포기하지 않고 인권운동을 펼쳐나갈 수 있었던 것은 동족인 흑인이 백인과 동등한 시민으로 살아가게 하겠다는 목표 때문이었다. 그가 목표를 이루기 위해 그 얼마나 뜨거운 열망을 가지고 있었는지를 그의 다음 연설문을 보면 잘 알 수 있다.

'나에게는 꿈이 있다. 나는 오늘 남부로 돌아가지만 절망을 안고 돌아가는 것은 아니다. 나는 우리가 탈출구가 보이지 않는 캄캄한 감옥에 갇혀 있다고는 생각하지 않는다. 나는 우리를 향해 새날이 오고 있다는 믿음을 갖고 돌아간다.

나에겐 지금 꿈이 있다. 그것은 아메리칸 드림에 대한 깊은 꿈이다.

나에겐 지금 꿈이 있다. 어느 날 조지아에서 미시시피

와 앨라배마에 이르기까지 그 옛날 노예의 아들딸들이 옛날 주인인 백인의 아들딸들과 함께 형제처럼 살아 가는 꿈이다.

나에겐 지금 꿈이 있다. 어느 날 백인 어린이와 흑인 어린이가 형제자매처럼 사이좋게 살게 되는 그런 꿈이다.

(중략)

나는 지금 꿈을 가지고 있다. 인간이 모두 형제가 되는 꿈이다. 나는 이런 신념을 가지고 나서서 절망의 산에다 희망의 터널을 뚫겠다. 나는 이런 신념을 가져야 여러분들과 함께 나서서 어둠의 어제를 밝음의 내일로 바꾸겠다. 우리는 이런 신념을 가지고 새날을 만들어 낼 수 있다. 흑인이건, 백인이건, 유태인이건 비 유태인이건, 개신교도이건, 가톨릭교도이건, 손을 잡고 "자유가 왔다! 자유가 왔다! 하나님, 감사합니다" 하고 흑인 영가를 부르는 날을 만들 수 있다.'

이 연설문에서 보듯 마틴 루터 킹의 마음은 꿈으로 가득 차 있다는 것을 알 수 있다. 그는 비록 암살을 당하는 비운을 겪었지만 자신의 꿈대로 흑인들의 인권에 많은 변화를 가져오게 했다. 열망과 신념으로 꿈을 이룬 것이다.

03. 부정적인 생각을 버리고 능동적으로 행동하라

부정적인 생각은 신념형 인간이 되는 데 저해 요인이 된다. 부정적인 생각은 자신이 충분히 할 수 있는 일도 주춤거리게 하고, 해보지도 않고 안 되는 것부터 먼저 생각하게 한다. 부정적인 마음, 부정적인 말과 행동은 인생을 살아가는 데 전혀 도움이 되지 않는다는 것을 기억해야 한다.

2007년 프랑스 대통령 선거에서 사회당 후보로 세계 언론의 주목을 한 몸에 받았던 세골렌 루아얄! 그는 54세의 여성 정치인이다.

그녀는 여성성을 바탕으로 강력한 개혁을 추구해 온

뜨거운 열정을 지닌 파워풀한 지도자였다. 대통령 후보 경선에서 도미니크 스트로스칸 전 재무부 장관과 로랑파비위스 전 총리 등 쟁쟁한 남성 경쟁자들을 압도적인 표차로 물리치고 당당하게 사회당 대통령 후보를 꿰차며 프랑스의 새로운 희망으로 등장했다.

그녀는 8남매 중 넷째로 태어나 엘리트 코스인 국립행정학교ENA를 졸업하고 공무원이 되었다.

그러나 그녀는 하루 종일 자리에만 앉아 사무를 보는 일에 만족할 수 없었다. 뭔가 새로운 일이 필요했던 것이다. 그녀의 가슴 속에 뜨겁게 흐르는 열정에 비하여 단순한 공무원 자리는 너무 작고 보잘 것 없었다. 매사에 딱 부러지고 똑똑한 그녀는 많은 고민과 생각 끝에 자신이 진정 가야 할 길을 찾게 되었는데, 바로 정계에 입문하는 것이다. 그래서 프랑수아 미테랑 대통령의 특별보좌관이 되었다. 그 때가 1982년이었다. 그를 기반으로 1988년에는 의회로 진출하는 데 성공하였고, 1992년엔 환경부 장관에 오르는 놀라운 능력을 발휘하였다.

루아얄은 개혁적 상상력으로 프랑스 국민들에게 여성 정치인의 섬세함과 평화적인 이미지를 굳히는 데 성공하였다.

그녀에겐 네 명의 자식이 있지만 그녀는 결혼을 하지 않은 채 25년째 국립행정학교 동창인 프랑수아 올랑드 현 사회당 제 1서기와 동거를 하고 있다. 우리나라 사람들이 볼 땐 이해가 잘 되지 않는 일이지만 이 또한 그녀의 개성적인 인생관을 보여주는 한 예이다.

꿈을 이루기 위해 철저히 자신의 길을 걸어 온 루아얄은 한번 마음먹은 일에 완전히 올인하였다. 그녀가 일에 미쳐 있을 땐 광기가 흐를 정도라고 한다. 그녀가 프랑스 대통령 후보에까지 이르게 될 수 있었던 것은 항상 긍정적으로 생각하고 능동적으로 행동했기 때문이다.

04. 자신에 대해 굳은 믿음을 가져라

자신이 자신을 믿는다는 것은 매우 중요하다. 왜냐하면 스스로를 믿으면 어떤 일도 더욱 신중하게 생각하게 되기 때문이다. 그래서 주어진 일에 애착을 갖고 책임 있는 자세로 일관되게 나아간다. 그래야 자신의 삶이 스스로에 의해 훼손당한다는 마음을 갖지 않게 된다. 자신에 대한 굳은 믿음을 가질 때 강한 신념형 인간이 될 수 있다.

미국에의 성공한 흑인 여성 오프라 윈프리Oprah Winfrey!

그녀는 웃음과 감동을 전해주는 토크쇼 '오프라 윈프리 쇼'의 진행자로 유명하다. 그녀는 엄청난 부와 명성을 한 몸에 지닌 채 미국인들의 존경과 부러움을 받고 있다. 이런 그녀도 어린 시절에는 지독한 가난의 굴레에서 자유롭지 못했다. 그녀는 부모 대신 엄한 할아버지와 할머니 슬하에서 어린 시절을 보내다가 어머니가 살고 있는 밀워키로 이사했지만 가난은 여전히 진드기처럼 그녀를 놓아주지 않았다. 그리고 불의한 일로 14살이라는 어린 나이로 아기를 낳았지만 곧 죽고 말았다.

그러나 그녀는 절망하지 않았다. 모든 것을 받아들이

며 자신의 새로운 인생을 위해 탐구하고 노력했다. 그렇게 해서 시작한 일이 라디오 방송국 일이었다. 그녀는 거기에 만족하지 않고 대학 졸업도 미룬 채 TV뉴스를 맡았다. 그녀의 토크쇼는 시카고에서 단번에 시청률을 높여 시청자들의 눈을 사로잡았다.

그런 가운데 시련도 따랐다. 저속한 내용을 다루었다는 비판을 받기도 했고, 대리모를 사칭한 여인의 출연으로 비난을 받기도 했다. 하지만 그녀는 게스트에 대한 따뜻한 관심과 배려로 시청자들의 공감을 샀고, 인기는 그녀의 인간적인 면모만큼이나 급상승했다. 그 결과 그녀의 토크쇼는 미국인 누구나 즐겨보는 인기 프로그램이 되었다. 그녀는 약자를 위한 대변자로서 자신의 의지를 하나씩 펼쳐 보이며 미국민들의 존경을 한 몸에 받았다. 그 결과 1998년에는 미국에서 가장 영향력 있는 여성 중 힐러리 클린턴에 이어 2위에 뽑혔다.

오프라 윈프리는 단순한 엔터테이너가 아니다. 그녀는 피부와 인종을 뛰어넘는 모든 여성들의 꿈의 대상이며 실체이다. 그녀가 진행하는 '오프라 윈프리 쇼'는 2002년까지 30회의 에이미 상을 수상하는 영예를 안았다. 또 영화 '컬러 퍼플'에 출연하여 골든글러브 상을 수상하고, 미국 아카데미 시상식에서 여우조연상을 수상했다.

그녀가 이룬 이 놀라운 업적은 그녀의 땀과 신념, 그리고 용기와 믿음이 이루어낸 향기로운 결실이었다.

신념형 인간의 특징

신념형 인간은 몇 가지 특징을 갖고 있다.

01. 늘 담대한 마음을 품고, 그 어떤 일에서도 결코 물러섬이 없다.

02. 항상 꿈을 가지고 있고, 그 꿈을 향해 자신의 열정을 아낌없이 바친다.

03. 부정적인 생각을 버리고 능동적인 행동으로 원하는

일을 긍정적으로 해낸다.

04. 언제나, 무슨 일이든지 할 수 있다는 강인한 정신으로 자신만의 일을 찾아 해나간다.

당신은 어떤 사람이길 원하는가? 그 해답은 당신만이 알 수 있다. 왜냐하면 누군가 당신에게 조언은 해 줄 수 있어도 그것을 결정하고 실행하는 사람은 오직 당신뿐이기 때문이다.

체 게바라와 마틴 루터 킹, 세골렌 루아얄, 오프라 윈프리는 신념형 인간의 조건을 모두 갖춘 사람들이다. 이들은 각기 다른 삶을 살았고, 살고 있지만 놀랍게도 정신은 하나같이 똑같다.

신념은 동서고금을 막론하고 성공하고자 꿈꾸는 인간이 지녀야 할 가장 기본적이고도 가장 중요한 인생의 덕목이다.

아무리 그 사람이 최상의 프로젝트를 가지고 있고, 근사한 꿈을 갖고 있고, 뛰어난 재능을 갖고 있다 할지라도 그것을 실행하지 않으면 아무런 결과도 얻을 수 없다. 성공하길 꿈꾼다면 강인한 목표하는 일에 신념을 갖고 실천해 나가야 한다.

'부뚜막의 소금도 집어넣어야 짜다'는 말이 있다.

그렇다.

아무리 소금이 많아도 사용하지 않는다면 무슨 소용이 있겠는가? 소금은 음식의 간을 맞추는 데 쓰인다. 인생을 가치있게 살고자 원한다면 소금이 되어야 한다. 그래서 자신은 물론 타인에게도 의미 있는 사람이 될 때 봄날 만발하는 꽃처럼 풍요로운 인생이 될 것이다.

신념형 인간이 되는 아주 특별한 11가지

01. 계획한 사업을 시작하는 데 신념은 단 하나다. 지금 그것을 하라. 이것뿐이다. — 윌리엄 제임스

02. 담대하라. 그리하면 어떤 큰 힘이 당신을 도와주려 할 것이다.

— 베이실 킹

03. 가능하다고 믿는 사람이 반드시 승리한다.

— 랠프 왈도 에머슨

04. 자신이 만일 패배의 마음을 갖고 있다면 그런 마음을 자신에게서 뿌리 뽑아야 한다. 그것은 항상 패배를 생각하며, 패배를 맛보게 하기 때문이다. 패배를 믿지 않는 태도를 가져야 한다.

— 노만 V. 필

05. 우리들의 중요한 임무는 멀리 있는 희미한 것을 보는 것이 아니라 가까이 있는 분명한 것을 실천하는 것이다.

— 토마스 카일라일

06. 오늘이란 날은 두 번 다시 오지 않는다는 것을 잊지 마라.

— A. 단테

07. 인생은 짧다. 작은 일에 얽매이지 마라.

— B. 디즈레일리

08. 우리의 인생은 우리의 생각에 의해 만들어진다.

— 마르크스 아우렐리우스

09. 화내는 사람은 독으로 가득 차 있다.

— 공자

10. 인간은 남에게 선을 행할 때 자신에게 최선을 다 하는 것이다.

— 벤자민 프랭클린

11. 대부분의 사람들은 자신들이 행복해지려고 결심한 만큼 꼭 그만큼만 행복해진다.

— 아브라함 링컨

신념형 인간이 되는 4가지 조건

첫째 담대한 마음을 늘 가슴에 품고, 어떤 일에서도 결코 물러서지 마라.

담대한 마음은 신념을 길러주는 필수조건이다.

둘째 항상 꿈을 가지고 그 꿈을 향해 열정을 아낌없이 바쳐라.

꿈이 있는 가슴엔 신념이 불꽃처럼 피어난다.

셋째 부정적인 생각을 버리고 긍정적으로 생각하고 능동적으로

행동하는 가운데 신념은 길러진다.

넷째 자신에 대해 굳은 믿음을 가져라. 그리고 자신을 아낌없이

사랑하라.

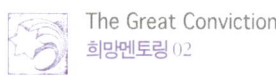
인생을 변화시키는
삶의 나침판,
내 인생의 멘토를 정하라

멘토란 지혜와 신뢰로 한 사람의 인생을 이끌어 주는 스승을 말하고,
멘토링이란 한 사람이 지닌 신용, 경험, 시간과 인간관계를 통해
다른 사람에게 의도적으로 전달하는 과정을 말한다.

– 존 맥스웰

▌인생을 변화시키는 삶의 나침판, 멘토

　　고대 그리스의 이타이카 왕국의 왕 오디세이는 트로이
전쟁에 출정하면서 사랑하는 아들을 친구에게 부탁했다.
그 친구는 오디세이가 전쟁에서 돌아오기까지 무려 10년
동안 그 아이에게 친구이자 상담자로서, 때로는 아버지가

되어 정성을 다해 훌륭하게 키워주었다.

전쟁이 끝나고 왕궁으로 돌아온 오디세이는 훌륭하게 자란 아들의 모습을 보고 크게 감격하였다. 그래서 그 친구에게 사례하며 칭찬을 아끼지 않았다. 왕을 대신하여 왕자를 잘 양육한 그 친구의 이름이 바로 멘토이다. 이후 멘토는 '지혜와 신뢰로 한 사람의 인생을 이끌어주는 스승'이라는 뜻으로 쓰이고 있다.

이 이야기에서 보듯 한 사람의 훌륭한 멘토가 훌륭한 인생을 만든다는 것을 알 수 있다. 훌륭한 멘토는 자신의 지혜와 경험을 제공함으로써 다른 이들이 성공적인 삶을 이루는 데 결정적인 역할을 한다.

자신의 인생에 훌륭한 멘토를 얻는 지혜

01. 멘토로 삼고 싶은 이에게 관심을 최대한 집중시켜라. 꿈을 위해 진지하게 노력하는 자에겐 그의 빛이 되어주고자 다가오는 멘토가 있다. 이는 '하늘은 스스로 돕는 자를 돕는다'는 말과 같다고 하겠다.

02. 나와 너의 인간관계 법칙을 활용하라.

'인간관계의 법칙'이란 서로가 서로에게 의미 있는 역할의 관계를 말한다. 이때 중요한 것은 상대방에게 좋은 인상을 심어주어야 한다. 그렇지 않으면 누구도 자신에게 깊은 관심을 기울이지 않을 것이다.

03. 강한 믿음과 신뢰를 보여주어라.

사람은 누구나 믿음이 가는 사람에게 호감을 갖게 된다. 그리고 그런 사람을 자신의 곁에 두고 싶어한다.

이 세 가지 법칙을 철저하게 지켜 행한다면 분명 그 사람에겐 훌륭한 멘토가 나타나게 될 것이다. 그러면 멘토와 자신과의 사이에 멘토링Mentoring이 이루어지게 된다.

멘토링이란 존 맥스웰의 말대로 '한 사람이 지닌 지혜를 그에게 있는 신용, 경험, 시간과 인간관계를 통해 다른 사람에게 의도적으로 전달하는 과정'이다. 한 사람의 훌륭한 지혜와 경험은 돈으로는 물론 그 이상의 것으로도 살 수 없을 만큼 가치가 있는 요술램프라고 할 수 있다.
진정 성공하고 싶다면 멘토링을 해 줄 수 있는 멘토를 정
해야 한다는 사실을 잊지 마라.

멘토가 삶에 미치는 영향

　성공한 사람들에게는 그들의 빛나는 삶이 있기까지 기
댈 언덕이 되어준 인생의 멘토가 있었다. 말 못하고, 보지
못하고, 들을 수 없었던 헬렌 켈러의 가정교사였던 앤 설
리번. 그녀는 널리 알려진 유능한 멘토였다. 그녀가 훌륭
한 멘토로서 전 세계인들의 가슴에 깊이 각인된 것은 헬
렌 켈러가 지닌 최악의 조건에도 굴하지 않고 초인 같은
인내심과 세심한 배려와 사랑으로 헬렌 켈러를 완전히 다
른 사람으로 바꾸어 놓았기 때문이다. 설리번의 눈물겨운
희생적 가르침이 있었기에 헬렌 켈러는 빛나는 인생을 살

수 있었다. 한 사람의 훌륭한 멘토가 다른 사람에게 미치는 영향이 얼마나 큰지는 많은 역사적 실례를 통해 알 수 있다.

잘 알려진 대로 소크라테스는 플라톤의 멘토였다. 플라톤은 늘 스승인 소크라테스처럼 되고 싶은 꿈을 가슴에 품고 있었다. 하지만 꿈을 가슴 가득 품고 있다고 해서 꿈이 이루어지는 것은 아니다. 실천이 따라야 한다. 플라톤은 이를 너무도 잘 알고 있었기에 스승의 가르침을 한시도 소홀히 하지 않고 공부에 전념하였다. 그렇게 노력을 한 결과 그는 스승에 버금가는 유능한 철학자가 될 수 있었고, 그 역시 수많은 제자와 사람들에게 멘토가 되었던 것이다.

세종의 스승 이수는 세종의 멘토였다. 그는 임금과 나라를 위해 하나뿐인 목숨을 아낌없이 바친 충신이다. 그는 심약한 어린 충녕대군에게 옹골지고 흔들림 없는 이상을 심어주었고, 마음에 품고 있는 것을 밖으로 끄집어내어 실행할 수 있는 결연한 자세를 길러주었다. 이러한 이

수의 가르침은 충녕대군이 훗날 성군이 될 수 있는 기틀을 마련하는 데 결정적인 역할을 했던 것이다.

세종은 수많은 우여곡절 끝에 맏형인 세자 양녕대군 대신 조선의 제4대 임금으로 등극하여 실용주의 정치를 펼쳐나갔다.

그는 임금이 된 후 인재를 등용하는 데 신분의 차이를 두지 않았다. 신분보다는 개개인의 됨됨이와 능력을 보았던 것이다. 그런 그를 비판하는 신하들도 있었지만 결코 흔들리지 않았다. 자신의 신념에 대한 굳은 믿음이 있었기 때문이다.

신념이 견고한 사람은 결코 흔들리는 법이 없다.

신념은 태산을 깎아 평지가 되게 한다. 이런 신념의 법칙을 견지한 세종은 신념을 실제 현실에 적용시킨 신념의 행동가였다. 신념은 세종을 우리 역사의 최고의 성군, 최고의 실용주의자로 남게 한 근원이었다.

그 대표적인 예가 한글의 창제였다. 당시 최만리를 비롯한 여러 학자들이 한글창제를 결사적으로 반대했지만 인재를 중요시하던 세종은 반대론자인 그들을 벌하지 않고 설득시킨 끝에 자신의 신념대로 밀고 나가 관철시켰다.

세종이 그처럼 한글창제에 자신의 혼을 사를 만큼 적극적이었던 것은 한문이 실용적이지 못하다는 것을 알았기 때문이었다.

세종이 보여준 실용주의는 모두의, 모두에 의한, 모두를 위한 편실용주의인 동시에 현실주의의 표출이었다.

신념의 민족으로 잘 알려진 유태인들의 대표적 멘토는 어머니이다. 유태인은 자식이 태어나면 전적으로 어머니의 가르침을 받게 한다. 그들은 자식들을 무릎 위에 올려놓고 민족 경전인 탈무드를 들려주어 자연스럽게 익히게 한다. 이렇게 해서 자라난 자식들이 또 어머니가 되면 다시 그 자녀들에게 자신의 어머니가 했듯이 가르침을 전수한다.

탈무드는 이런 과정을 거쳐 수천 년이 지난 지금도 유

태인들은 물론 전 세계인들에게 읽히는 필독서가 되었다.

성 어거스텐의 어머니 모니카!

그녀는 자신의 뜻에 역행하는 아들을 위해 눈물로 기도를 함으로써 삐뚤어지던 아들을 올바르게 키워냈다. 그녀의 눈물 기도는 그녀만의 독특한 가르침이었다. 어거스텐은 그런 어머니의 모습을 통해 감동했고, 결국엔 평생을 성인의 길로 가며 진정한 삶의 모습을 사람들에게 보여주었던 것이다.

한석봉을 조선 제일의 서예가로 만든 그의 어머니는 한국의 대표적 어머니상이다. 아들을 바르게 가르치기 위해 10여 년의 세월을 아들과 떨어져 지내면서 떡장사로 아들을 뒷바라지하였다. 그녀가 훌륭한 것은 홀로 떡장사를 하며 뒷바라지한 데도 있지만 어머니가 보고 싶다고 찾아온 아들에게 공부하는 사람의 자세가 어떠해야 하는지 분명하게 가르친 데에 있었다. 그녀는 아들을 납득시키기 위해 불을 끄고 자신은 떡을 썰고 아들에겐 글씨를 쓰게 했다. 자신이 썬 떡은 고르게 된 반면 아들의 글씨는 크고 작고 들쑥날쑥했다. 그것을 통해 아들에게 깨우침을 주어 아들이 조선 최고의 서예가가 되게 했던 그녀의 가르침은 지혜로움 그 자체였다.

우리나라가 낳은 세계적 천재 첼로리스트 장한나!

그녀의 스승은 러시아 출신인 첼로 마에스트로 무스티슬라프 로스트로포비치이다. 장한나는 스승의 가르침에 힘입어 자신이 가진 천재성을 계발하여 세계적인 첼로리스트가 되었다. 로스트로포비치는 장한나에게 있어 최고의 멘토이다.

멘토에 대해 좀 더 살펴보면 공자는 맹자의 멘토였고, 뉴턴은 아인슈타인의 멘토였고, 루소는 톨스토이의 멘토였고, 존 F. 케네디는 빌 클린턴의 멘토였고, 베토벤은 슈베르트의 멘토였다.

멘토는 어느 시대, 어느 인생에든 꼭 필요한 존재이며, 한 특정인에게는 빛과 소금 같은 존재이다.

사람은 훌륭한 멘토가 있는 사람도 있고 그렇지 않은 사람도 있을 것이다. 멘토가 없는 이들은 지금도 늦지 않다. 자신의 인생에 절대적 영향을 주는 멘토를 정하라. 훌륭한 멘토는 자신의 인생을 변화시키는 나침반이며, 어두운 밤바다에서 방향을 알려주는 등대다.

▌멘토링Mentoring의 중요성

세계적 테너 엔리코 카루소!

그는 지독한 가난 속에서도 세계 최고의 가수를 꿈꾸며 노래를 불렀다. 어떤 음악 선생은 그의 목소리를 형편없다고 폄훼하며 노래에 대한 꿈을 접으라고 악평을 했다.

어린 카루소는 실망하여 마음의 갈피를 잡을 수 없었

다. 그에게 있어 노래는 목숨처럼 소중했기 때문이었다.

꺾일 듯 흔들리는 카루소를 안정되게 잡아준 사람은 바로 그의 어머니였다.

"아들아! 실망하지 마라. 엄마가 보기엔 너는 훌륭한 목소리를 갖고 있어. 네가 신념을 갖고 최선을 다한다면 반드시 최고의 테너가 될 수 있을 거야. 나는 그것을 확신한단다. 그러니 지금 당장 시작해라."

마른 갈대처럼 흔들리던 카루소는 자신을 믿어주는 어머니의 말씀에 힘을 얻어 최선을 다한 끝에 전설적인 세계 최고의 테너 가수가 되었다. 그가 성공할 수 있었던 것은 강인한 신념과 그의 멘토였던 어머니의 격려 때문이었다.

그의 강인한 신념을 말해주는 예가 있다.

카루소가 미국의 어떤 식당을 방문했을 때 그의 노래를 좋아하는 식당 주방장이 그를 한눈에 알아보고는 외람되지만 이 자리에서 노래를 해 줄 수 없겠느냐고 간청하였다. 그러자 카루소는 명성에 어울리지 않게 선선히 응

락해서 노래를 불렀다. 식당 안에 있던 손님들은 난데없는 멋진 노래를 듣고 감동에 젖었다. 그리고 곧이어 그가 유명한 카루소라는 걸 알고는 더욱 감격해했다. 영원히 잊지 못할 추억을 간직하는 영광을 누렸던 것이다.

"여보게, 자네가 어찌 이런 구차한 식당에서 노래를 할 수 있는가? 자네의 명성과 체면을 생각해야지."

친구는 그의 행동을 이해할 수 없다고 말했다. 그러자 그가 대답했다.

"그게 무슨 말인가? 내 노래를 듣고자 하는 사람이 단 한 사람이라 할지라도, 또 그곳이 어디이든지 나는 노래를 부르겠네. 그것이 나의 의무일세."

친구는 그의 신념에 깊은 감동을 받았다.

상상해 보라.

세계적인 테너 가수가 몇 사람밖에 없는 구석진 식당에서 노래 부르는 광경을. 조금만 이름을 얻었다 하면 거들먹거리며 어깨에 힘을 주는 사람이 귀담아 들어야 할 대목이다.

그의 신념은 진정한 예술인이란 단 한 사람의 애호가
도 소중하게 여겨야 한다는 것을 잘 말해주고 있다. 그가
이처럼 겸손하고 강인한 신념을 갖게 된 것은 그의 어머
니의 지속적인 멘토링의 결과이다.

카루소 어머니가 행한 멘토링의 특징
01. 항상 강한 자신감을 불어 넣었다.
02. 작은 일에도 칭찬을 아끼지 않았다.
03. 신념을 잃지 않도록 격려해 주었다.
04. 자신의 목표에 대해 늘 주지 시켜주었다.

카루소의 경우에서 보듯 멘토링이란 멘토와 멘토리 사
이에 이루어지는 모든 관계성을 말한다. 그의 어머니는
바로 이런 관계성을 잘 적용시킨 지혜로운 여성이었다.

멘토가 되기 위해서는 분명한 가치관을 정립하라

멘토의 자격은 딱히 정해져 있지 않다. 별도의 자격증을 취득해야 하는 것도 아니고, 특별히 무슨 과목을 이수해야 하는 것도 아니다. 멘토는 누구나 될 수 있다. 다만 멘토가 되기 위해서는 분명한 가치관이 있어야 한다. 부연하자면 남을 이끌어 줄 수 있는 무언가를 가지고 있어야 한다는 것이다. 그것이 인격적인 것이든, 학문적인 것이든, 예술적인 것이든, 건강에 대한 것이든, 나름대로의 가치를 제공해주는 안내자 역할을 할 수 있어야 멘토가될 수 있다.

삶을 성공적으로 살고자 한다면 당신에게 끊임없이 신념을 길러주는 스승, 멘토를 정하라.

살아가는 동안 자신의 힘만으로는 안 되는 일을 만날 때 누군가에게 지혜를 구하고, 용기를 얻을 수 있다면 그것은 지극히 은혜롭고 행복한 일이다.

인생의 빛이 되는 멘토

첫째 인생의 멘토를 정하라. 훌륭한 멘토가 훌륭한 인생을 만든다. 훌
룡한 멘토는 지혜와 경험을 제공함으로써 성공적인 삶을 이루는
데 결정적인 역할을 한다.

둘째 멘토로 삼고 싶은 이에게 관심을 집중시켜라. 무언가를 이루고
자 노력하는 자에겐 그가 알지 못하는 사이 빛이 되어주고자 다
가오는 멘토가 있다. '하늘은 스스로 돕는 자를 돕는' 거와 같은
이치다.

셋째 인간관계 법칙을 활용하라. 이는 사람이 살아가는 과정에서 만나
게 되는 의미 있는 관계를 말한다. 이때 중요한 것은 상대방에게
좋은 인상을 심어 주어야 한다. 그렇지 않으면 누구도 자신에게
관심을 기울이지 않는다.

part 02

나는 누구인가,
나를 알아야
세상을 딛고
우뚝 설 수 있다

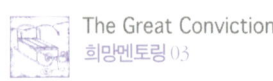
나는 누구인가, 나를 알아야
세상을 딛고 우뚝 설 수 있다

자기를 잘 안다는 것, 그것이 진정한 진보이다
—크리스천 한스 안데르센

자신을 새롭게 발견하라

사람이 살아가는데 자신을 잘 아는 것만큼 중요한 것
은 없다. 그런데 안타깝게도 '등잔 밑이 어둡다'는 말처럼
자신을 잘 모르는 존재가 사람이다. 언뜻 생각하면 자신
을 아는 것이 당연한 것 같으나 실상은 그렇지 않다.

왜일까? 자신의 가치를 판단하는 마음의 눈이 어둡기

때문이다.

곰곰이 생각해 보라. 과연 얼마나 자신에 대해 알고 있는지를.

물론 생김새가 어떻다던가 하는 것처럼 확연히 들어나는 것은 몰라도 자신이 무엇을 잘할 수 있는지, 자신의 진정성이 어떤지, 자신이 신념이 있는 사람인지 하는 것은 잘 알지 못한다. 그저 어렴풋이 느낄 뿐이다.

요즘 젊은 세대들은 교육도 많이 받고, 다양한 콘텐츠에 따른 다양한 경험을 통해 과거의 세대들에 비해 큰 혜택을 받고 있지만 그것을 자기화하는 데는 익숙지 못한 것 같다. 그러다 보니 정체성에 혼란이 와 작은 고통에도 힘들어하고, 불투명한 미래에 대해 두려워한다.

이런 현상이 젊은 세대들에게 많이 나타나는 것은 점수 따는 공부는 많이 했을지 모르나 인격 공부는 등한시한 결과이다. 이는 우리 교육이 좋은 직장 구하는 법과 경쟁하는 법만 가르치는 데에 기인한 것이다.

요즘 우리 사회는 심각한 경제적 위기로 하루하루가 살얼음판을 걷고 있다. 학자금을 대출 받아 어렵게 공부를 했지만 일할 곳이 없다. 정규직은 그림자조차 보이질 않고 우습게 여겼던 아르바이트 같은 비정규직도 그나마 없다고 아우성이다. 그야말로 총체적 위기에 직면해 있는 것이다. 이력서를 수십 통씩 쓰고, 심지어는 수백 통을 돌렸지만 감감무소식이라는 젊은이들의 한숨소리가 거리마다 넘쳐나고 있다. 상황이 이러다 보니 누가 뭐라고 하지 않아도 의기소침해지고, 그런 현상이 길어져 자신이 무엇을 해야 하는지조차 모를 지경에 이르렀다. 의기양양했던 꿈과 야심이 일몰의 시각, 저녁연기처럼 사라지고 자신이 누구인지, 왜 이 자리에 있는지조차도 모른다. 그저 때가 되니 밥을 먹고 잠을 잘 뿐이다. 패기니, 끈기니, 열정이니 하는 따위는 더 이상 찾아보기 힘들다.

이렇게 된 데에는 국가와 사회적 책임이 크다. 국가는 국민들이 안락하고 평안하게 자유와 평화를 누리며 살게 해야 한다. 그래야 국민은 국가를 믿고 국가를 위해 국민으로서의 의무를 다하게 되는 것이다. 그런데 국가가 국민을 힘들게 하고 믿지 못하게 한다면 그것은 국가의 책임이다.

그러나 모든 것을 완전히 국가와 사회적 책임으로 돌리기 전 스스로를 돌아 볼 필요가 있다. 자신에게 문제는 없었는지 진지하게 돌아보는 성찰이 필요하다. 과연 내가 최선의 노력을 했고, 얼마만큼 자신을 사랑했는지를.

이에 대해 분명 반론을 재기하는 사람도 있을 것이다. 온 사방이 꽉 막혀 길이 보이지 않는데 그게 노력만으로 되는 거냐고.

물론 그렇게 말하는 것도 지금 같은 상황에서는 충분히 이해할 수 있다.

그러나 그 말은 자신을 변명하거나 합리화시키는 말밖에 되지 않는다는 생각이 드는 것은 왜일까? 그 이유는 그 말에 미혹당함으로 해서 자신에게 주어진 능력을 소진시킬 수 있는 여지를 가지고 있기 때문이다.

꽉 막힌 길에도 길은 있다는 것을 보여준 사람이 있다.

바로 현대그룹을 세계적 기업의 반열 위에 올려놓은 정주영 회장이다.

그는 "길이 없으면 길을 찾으면 되고, 찾아도 없으면 만들면 된다"고 했다. 이 얼마나 역동적이고 희망에 찬 말인가! 이런 말을 할 수 있는 사람은 자신에 대해 잘 알고 있는 사람이다.

정주영은 자신에 대해 잘 아는 사람이었다. 자신의 능력, 자신이 해야 할 일, 자신이 있어야 할 자리를.

그는 자신의 능력으로 할 수 있는 일을 찾았고, 상황이 여의치 않더라도 주어진 일에 최선을 다했다. 그러자 그때마다 새로운 길이 열렸고, 그러하지 못할 때는 길을 뚫어서라도 전력투구를 다한 끝에 세계적인 기업인이 될 수 있었다.

이러한 정주영의 불패의 정신은 "나의 사전에 불가능은 없다"고 한 나폴레옹의 정신과 맞닿아 있다.

지중해 코르시카 섬 아야치오에서 태어나 육군 포병 소위로 임관된 나폴레옹!

그가 수많은 전투를 승리로 이끌어내며 전쟁 영웅이 되고 마침내 프랑스 황제가 되어 유럽전역을 통치할 수 있었던 것은 그의 강인한 정신에 있었다. 그는 자신을 잘 알고 있었기에 "나의 사전에 불가능은 없다"고 당당하게 외칠 수 있었다.

　정주영이나 나폴레옹의 공통점은 길이 없을 때에는 그 길을 만들어나가는 불가능을 이겨내는 정신에 있다.

　나폴레옹은 정주영이 존경하는 대표적인물이다. 정주영이 시련과 역경에서도 굴하지 않고 이겨낼 수 있었던 불패의 정신은 나폴레옹으로부터 이어받은 것이다.

　나폴레옹이 "나의 사전에 불가능은 없다"고 한 것이나, 정주영이 "나에게 시련은 있어도 실패는 없다"고 한 것은 스스로를 잘 알기에 할 수 있는 말이다.

　어려울 때일수록 자신을 돌아보는 지혜가 필요하다.

　지혜로운 자는 어렵다고 해서 현재 당면한 일에서 절대 도망치지 않는다. 하지만 어리석은 자는 도망칠 생각을 먼저 한다. 이것이 지혜로운 사람과 어리석은 사람의 차이다.

어렵고 힘들 때에도 분명히 길은 있다. 바로 자신을 새롭게 발견하는 것이다.

새로운 마음으로 자신을 돌아보라. 나는 누구이며, 나는 지금 무엇을 원하고있고, 무엇을 해야 하는지를.

정체성, 그 유쾌한 자존

지금의 사회에는 정체성의 혼란으로 허덕이는 사람들이 많다. 특히 꿈과 희망으로 가득 차야 할 사랑스런 젊은 세대들이 더욱 그러하다. 앞에서도 말했듯이 대학을 졸업해도 꿈과 미래가 되어 줄 일터가 없다. 푸른 희망을 안고 시작해야 할 사회생활이 한숨과 아픔으로 얼룩지고 있다. 그러다보니 의욕도 점점 사라지고, 무엇을 위해 공부를 했으며, 무엇을 위해 오늘을 살아가야 하는지, 그

의미마저 불투명해지고 있다. 정체성이 흔들리고 있다는 증거다.

정체성이 흔들리면 삶의 목적도, 방향도 갈팡질팡한다. 어디로 가야할지, 무엇을 위해 살아야 할지를 잃게 되는 것이다. 마치 한 마리 길 잃은 양처럼 방황하고 슬피 울며 어떻게 살아야 할지도 모른다. 정체성을 잃게 되면 그럴 수밖에 없다. 다시 말해 인생 존재 자체가 위협 받게 될 수도 있는 것이다. 지금 우리 사회는 안타깝게도 유리하며 방황하는 젊은이들이 늘고 있다. 삶에 지쳐 될 대로 되라는 식의 허탈감에 빠져 우울해하고 있다.

하지만 이럴 때일수록 의식이 깨어 있어야 한다. 그렇지 않으면 삶의 어두운 터널에 갇혀 사회를 불신하고, 인생을 원망하며 비감하게 될지도 모른다. 정체성을 잃은 사람은 꿈도, 미래에 대한 야욕도 없기 때문이다. 그저 주어진 시간의 울타리에 갇혀 좀벌레처럼 시간만 갉아 먹는다. 이것처럼 자신의 인생을 아프게 하는 것은 없다.

내 인생은 나의 것이니 그대로 두라고 한다면 할 말이

없다. 그러나 내 인생은 나만의 것이 아니다. 나를 낳아 준 부모의 것이기도 하고, 가르침을 준 스승의 것이기도 하고, 결혼을 한 사람이라면 배우자와 자녀들의 것이기도 하다. 다시 말해 사람은 누구나 자기 혼자가 아니라는 말이다. 세상을 혼자서는 살 수 없듯 부모와 스승, 그리고 가족은 자신과 유기적 관계를 이루고 있는 소중한 존재들이다. 그런데 내 인생은 나의 것이니 내가 어떻게 살든 그대로 두라고 억지를 쓴다면 그것은 자신에 대한 예의가 아니다. 발칙한 오만이다.

이 같은 생각에서 벗어나려면 잃어버린 정체성을 되찾고, 흔들리는 정체성을 바로잡아야 한다. 그러기 위해서는 자신을 진지하게 돌아보는 자세가 필요하다. 인간에게 가장 근원적인 물음인 '나는 누구인가?' 라는 물음은 대단히 중요하다. 그런데도 너무 흔히 쓰는 말이다 보니 그 중요성에 대해 실감을 하지 못한다. 그것이 얼마나 잘 못된 일인지를 알아야 한다.

"나를 구제할 수 있는 사람은 나 자신뿐이다. 내가 아니면 누가 나를 구제할 것인가?"

파스칼의 말이다. 참으로 명쾌한 말이 아닐 수 없다.

그렇다.

내 자신을 누구에게 맡길 것인가? 두말할 것 없이 자신이다. 따라서 나를 책임지는 진지한 자세를 견지해야 한다. 정체성의 혼란에 빠진 이들은 자신의 문제를 남에게 의존하려는 경향이 많다. 이는 자신에 대한 믿음이 없기 때문이다.

여기서 자신에 대한 흔들림 없는 믿음을 신념이라고 한다. 신념이 결여된 사람에게 가장 필요한 것은 잃어버린 정체성을 되찾는 일이다.

나는 얼마 전 한 대학의 졸업생들과 얘기를 나눈 적이 있다. 그들에게서 한 가지 공통점을 발견하였다.

"일자리를 구하기 위해서 이력서 내봐야 종이값도 안 나와요."

"맞습니다. 모두 이 사회가 잘못된 탓입니다."

한 친구의 넋두리에 다른 친구가 동조하고 나섰다.

"더 이상 이력서 낼 데도 없고, 이젠 그냥 되는대로 살지요, 뭐."

놀랍게도 취직이 안 되는 것을 모두 사회 탓으로 돌렸다.

가끔씩 아는 PC방에 들리면 허구한 날 젊은이들로 넘쳐난다. 그들은 몇 시간씩 게임에 빠져 줄담배를 피워대고, 어떤 젊은이들은 날밤을 새기가 일쑤라고 한다. 대체 그들은 무엇을 하는 젊은이들인지 모를 정도로 눈만 뜨면 PC방으로 몰려온다. 가만히 들어보면 온통 원망스러운 말들로 가득하다. 그런데 그들의 말은 한결같게도 앞서 말한 대학 졸업생들이 하는 말하고 똑같았다.

이상이 뚜렷하고 생각이 활달해야 할 젊은이들이 부정적인 생각으로 가득 차 있다는 현실은 분명 안타깝고 슬픈 일이다. 하지만 어려울 때일수록 자신의 정체성을 잃어서는 안 된다. 남은 그렇다 해도 나는 그러면 안 되는 것이다. 모두가 하나같은 생각이라면 분명 이 사회는 물론이거니와 그들 자신도 잘못되어져 있다. 마치 줄줄이 잘못 꿰어진 단추처럼.

그러나 늦지 않았다. 늦었다고 생각할 때가 바로 시작할 때라는 말이 있듯 지금 당장 잃어버린 정체성을 회복해야 한다. 그리고 정체성을 회복시켜주는 것은 신념이다.

진실로 잘 살기 위해서는 신념이 확고해야 한다. 견고한 뿌리를 뻗어 내린 나무처럼 튼튼하게 삶을 받쳐주는 강한 신념에서 오는 정체성은 어떤 상황에서도 흔들리는 법이 없다.

그런데 천만 다행스러운 것은 지금의 어려운 현실 속에서도 자신의 미래를 위해 오늘의 고통을 안으로 삭이며 도서관을 오가는 젊은이들이 아직 우리 사회에 많이 있다는 사실이다. 그들 역시 똑같은 아픔을 겪고 있는 세대들이다. 하지만 그들은 오늘의 아픔을 딛고 내일을 열기 위해 최선을 다하고 있다. 나는 그런 젊은 세대를 보면 눈물이 난다. 어려운 지금의 현실이 나를 위시한 모든 기성세대들의 잘못인 것만 같아 가슴이 아프기 때문이다.

그러나 나는 절대 좌절하지 않는다. 과거 우리 민족은 숱한 어려운 난제를 안고도 잘 극복해 오지 않았던가. 나는 어려울수록 더 강해지는 우리 민족의 위대한 저력을 믿는다.

또 수많은 박해를 받으며 고통의 수레바퀴 속에서도 끝까지 살아남은 유태인을 보라.

유태인들은 그 어느 민족보다도 우수한 민족이다. 그들은 소수지만 그들이 세계에 미치는 영향은 막강하다. 경제, 금융. 의학, 물리, 화학, 문학, 미술 등 모든 분야에서 상위권을 점유한다. 그 한 예로 전 세계 인구 대비 약 0.35% 밖에 안 되는 그들이 100여 년 역사를 지닌 노벨상 전 분야에서 무려 삼분의 일 이상을 수상했다는 것은 가히 경이로운 일이다. 그들이 이처럼 우수성을 보이는 것은 신념의 민족이기 때문이다.

그들은 어려울수록 하나가 된다. 그들을 하나로 끌어모으는 힘은 종교적 신념에 있다.

갈릴레오 갈릴레이가 비록 법정에선 목숨을 지키기 위

해 자신의 지동설을 부인했지만 법정 문을 나서며 "그래도 지구는 돈다." 고 한 것은 그의 흔들림 없는 신념을 잘 알게 해준다.

정체성은 어떤 상황에서도 자신을 바르게 지키는 유쾌한 자존을 의미한다.

자신을 사랑하고, 또 사랑하라

"자신에게 가장 훌륭한 스승은 자기 자신이다. 자신이야 말로 자신을 가장 잘 알고 있고, 자신만큼 자신을 격려하고 존중해 주는 스승은 없다"

탈무드에 나오는 말이다.

이 말에서도 보듯 이 세상에서 자신보다 더 소중한 사람은 없다. 그렇다면 자신이 스스로에게 어떻게 대해야 하는지 분명해진다.

자신을 소중히 여겨라! 그리고 아낌없이 사랑하고 사랑하라.

이 말은 교만하고 오만하라는 말이 절대 아니다. 자신이 소중한 만큼 자신을 위해 최선을 다하고, 최대의 결과를 이끌어 내라는 말이다.

정체성을 찾기 위해 어떻게 해야 할까?

01. 자신의 존재 이유를 생각하라. 사람은 이 세상의 빛을 보기 위해서 수억 분의 일의 경쟁에서 승리하는 과정을 거쳤다. 한 사람 한 사람이 이처럼 치열한 과정을 거쳐 태어난 귀한 존재이다. 귀한 존재인 만큼 가치 있게 살아야 한다.

02. 자신이 가장 소중한 사람임을 인정하라. 소중한 사람을 업신여기거나 함부로 할 수 없듯 자신도 함부로 대해서는 안 되는 것이다. 자신을 함부로 하는 것이야말로 가장 바보짓이다.

03. 자신을 사랑하고 존중하는 마음을 가져라. 자신이

자신을 사랑하지 않으면 남들도 자신을 사랑하지 않는다.

04. 자신을 유일무이한 사람이라고 생각하라. 이 세상에 자신과 똑같이 생긴 사람은 없다. 그 만큼 자신은 특별한 사람이다. 이런 자신을 비하하고 함부로 대하는 것은 스스로에 대한 모독이다.

이상의 네 가지를 가슴에 새겨 틈틈이 음미하다보면 자신을 보다 더 소중하게, 그리고 가치 있게 생각하게 될 것이다. 이런 반복된 생각 속에서 자신의 정체성을 확고히 다질 수 있는 것이다.

자신을 안다는 것!

그것은 자신을 사랑하고 자신을 존중하는 일이다. 그래야만 자신의 확고한 정체성을 갖게 되고 자신의 빛나는 인생을 위해 그 어떤 시련과 역경도 감내하며 승리의 길을 걸어갈 수 있는 것이다.

나는 누구인가?
정체성을 찾는 지혜

첫째 자신의 존재 이유를 생각하라. 사람이 이 세상의 빛을 보기 위해 서는 수억 분의 일의 경쟁을 뚫고 승리해야 한다. 사람마다 이처럼 치열한 과정을 거쳐 태어난 귀한 존재이다. 귀한 존재인 만큼 가치 있게 살아야 한다.

둘째 자신을 가장 소중한 사람이라고 여겨라. 소중한 사람을 업신여기거나 함부로 할 수 없듯 자신을 함부로 대해서는 안 되는 것이다. 자신을 함부로 하는 것이야말로 가장 바보짓이다.

셋째 자신을 사랑하고 존중하는 마음을 가져라. 자신이 자신을 사랑하지 않으면 남들도 자신을 사랑하지 않는다. 자신을 사랑하는 사람이 되라.

넷째 자신을 유일무이한 사람이라고 생각하라. 이 세상에 자신과 똑같이 생긴 사람은 없다. 그 만큼 자신은 특별한 사람이다. 이런 자신을 비하하고 함부로 여기는 것은 스스로에 대한 모독이다.

마음을 병들게 하는 걱정은
쓰레기통에 확 던져버려라

걱정이란 건강치 못한 마음의 파괴적인 습관에 지나지 않는다.
이런 걱정을 우리 마음에서 떨쳐버려야 한다.
걱정은 그 어떤 일에도 전혀 도움이 되지 않기 때문이다.
– 노만 V. 필

걱정을 마음으로부터 확 날려버려라

어떤 일을 할때 마음속에 걱정이 검은 구름처럼 잔뜩
끼어 있으면 그 일을 실행하는 데 많은 어려움을 느끼게
된다. 그것은 걱정이 마음속에 장벽을 치고 있기 때문이
다. 마음이 온통 걱정으로 둘러 쌓여 있는데 어떻게 태연
하게 일을 할 수 있겠는가? 아무리 강심장을 가진 사람이

라 할지라도 걱정을 안고 속편히 일을 해 나가기란 어려운 것이다.

걱정은 흉직한 짐승과도 같다.

누구나 걱정이라는 짐승을 만나면 냉철한 마음이 흐려지게 된다. 흥분하게 되는 것이다. 흥분을 하게 되면 침착성을 잃고 성격이 급해진다. 그래서 사리분별을 잘못하게 된다.

걱정은 뿌리가 아무리 단단한 나무라 할지라도 이리저리 흔들거리는 갈대가 되게 한다. 이럴 때는 시간을 두고 천천히, 그리고 냉정하게 판단해 보는 자세가 필요하다. 그렇지 않으면 걱정이라는 짐승의 날카로운 이빨에 물려 자신이 가지고 있는 능력을 제대로 활용해보지도 못하고 무위로 끝내 버리기 쉽다.

걱정은 의지가 강한 사람에겐 덤비지 못한다. 강력한 의지는 강력한 에너지이기 때문이다.

그러나 의지가 약한 사람은 우습게 여기고 깔본다. 그래서 의지가 약한 사람은 쉽게 걱정의 노예가 되는 것이다.

누군가,

"걱정은 인간의 성격을 파괴시키는 가장 무서운 적"

이라고 했다. 또,

"걱정은 인간의 모든 질병 가운데 가장 방심해서는 안 되는 파괴적인 것"

이라고도 했다. 맞는 말이다. 매우 일리 있는 말이며 마음에 새겨 두어야 할 말이다.

걱정은 인생의 파괴꾼이다.

미국의 유명한 외과 의사 조지 W. 크라일 박사는,

"인간은 마음으로만이 아니라 심장과 폐와 내장으로도 걱정을 한다. 그러므로 걱정이나 근심은 원인이 무엇이든 간에 그 영향은 세포와 신체의 각 기관에 나타난다"

라고 말했다.

당신이 쓸데없는 일에 빠져 허우적거리지 않으려면 걱정이란 짐승을 경계하고 물리쳐라.

걱정에 매여 이성이 흐려지게 하지 마라

앞에서도 말했듯이 걱정에 매이게 되면 이성이 흐려질 수 있다. 문제는 사람들은 걱정이 쓸데없는 생각이라는 것을 잘 알면서도 그것으로부터 자유롭지 못하다는 데 있다.

이 세상 누구도 걱정을 한다고 해서 단 1mm의 키도 자랄 수 없고, 단 1g의 몸무게도 늘릴 수 없다. 그럼에도 불구하고 걱정거리가 생기면 걱정에 빠져 그 노예가 된다. 그리되면 충분히 가능한 일도 불가능하게 보이고, 해보지도 않고 포기하게 된다.

가령 어떤 사람이 새로운 사업을 구상해서 일을 시작한다고 해보자. 누가 보더라도 그 계획은 참신하고 전도유망한 사업이다. 그런데 정작 일을 진행하는 과정에서 '일이 잘못되기라도 하면 어떡하지?' 라는 생각에 사로잡힌다고 해보자. 그러면 그 일은 해보나마나이다.

왜 그럴까?

걱정함으로써 그 일은 이미 실패라는 자리에 놓이게 되기 때문이다. 걱정은 어떤 일을 하는 데 전혀 도움이 안 되는 방해꾼이다.

그러나 걱정으로 가위에 눌려도 낙심하지 마라. 걱정을 타파할 수 있는 방법은 있기 마련이다. 바로 할 수 있다는 믿음을 갖는 것이다.

사람이 걱정에 매이게 되는 가장 큰 원인은 하는 일이 실패하면 어떡하지, 하는 마음 때문이다.

긍정적인 말을 하는 사람은 부정적인 말을 하는 사람보다 성공할 확률이 높다. 그것은 걱정으로부터 그만큼 빗겨나 있기 때문이다.

아무리 어려운 일이 닥치더라도 걱정이란 못된 짐승에게 잡히지 않도록 하라. 걱정이란 짐승은 틈만 있으면 마음속으로 파고들어 그 사람을 파멸시키려고 드는 아주 건방지고 못된 녀석이다. 항상 그것을 경계하라.

한 유태인 소년이 있었다. 그가 고등학교를 졸업하자

그의 아버지는 그에게 선물을 주었다. 아시아로 가는 3등선실의 배표였다. 그리고 소년에게 두 가지를 당부하였다. 하나는 안식일이 되기 전에 어머니에게 편지를 하라는 것과 집안을 도울 아이템을 찾아보라는 거였다.

드디어 소년은 종착지인 일본에 도착하였다. 그의 주머니엔 달랑 5파운드가 있을 뿐이었다. 그는 어느 바닷가에 있는 허름한 오두막에서 며칠을 보냈다. 그러면서 가만히 보니 일본인들이 매일 모래를 파서 조개를 잡는 것이었다. 그런데 그 조개껍데기들이 매우 아름다웠다. 소년은 그 걸로 단추나 담배케이스 등의 상품을 만들면 좋겠다는 생각을 했다. 그래서 부지런히 주워 모아 가공해서 런던에 있는 아버지에게 보냈다. 소년의 아버지는 수레에 싣고 거리로 다니면서 팔았는데 날개 돋친 듯이 팔렸다.

얼마 후 가게를 열었고, 곧이어 가게는 2층이 되고, 3층이 되고, 빈민가에서 도심지로 옮겨갔다.

일본에 있던 소년 역시 많은 돈을 벌었다. 그리고 어른

이 되어서는 석유 사업에 손을 대 많은 돈을 벌기 시작했다. 그런데 석유를 먼 거리까지 운송하는 것이 문제였다. 그래서 직접 탱커(유조선)를 디자인했다. 그로인해 또다시 많은 돈을 벌었다. 그의 이름은 매커스 사무엘이다.

소년은 집안을 도울 아이템을 찾아보라는 아버지의 말을 귀담아 듣고 무에서 유를 창조했던 것이다.

소년이 맨주먹으로 성공할 수 있었던 것은 강인한 신념에 있었다. 소년은 반드시 성공하겠다는 신념으로 조개껍데기를 가공하여 단추와 담배케이스 같은 상품을 만들었고, 탱커를 발명했던 것이다.

이 이야기를 통해 아주 중요한 사실을 발견할 수 있다.

소년의 아버지는 아들을 낯선 아시아로 보내면서 달랑 5파운드만을 준다. 그 돈은 집을 떠나 아는 사람 하나 없는 이역만리 머나먼 나라에서 지내기엔 턱 없이 부족한 돈이었다. 우리의 생각에는 정말 어처구니가 없을 만큼 무모한 사람이라고 여겨진다.

생각해보라!

좀 심하게 말하면 빌어먹든 무슨 일을 하던 네가 알아서 하라는 얘기가 아닌가. 우리나라 부모라면 어린 자식을 외국으로 내보내며 그와 같이는 하지 않는다. 그런데 유태인 소년의 아버지는 그렇게 했다.

내가 여기서 말하고자 하는 것은 소년의 아버지가 아니다. 바로 소년이다.

그 상황에서도 소년의 태도는 너무도 당당했다. 아버지를 원망하거나 자신이 겪게 될 일에 대해서 걱정을 하지 않았다는 것이다. 그는 바닷가 오두막에서 지내면서도 걱정은커녕 그곳 사람들을 유심히 관찰하며 살아갈 방안을 강구했다. 그러던 중 그는 조개껍데기의 유용성을 알게 되었고, 그것을 아이템으로 해서 큰 부를 쌓았고, 급기야는 탱커를 발명하는 놀라운 일을 이뤄냈다.

소년이 낯선 이국땅에서 성공할 수 있었던 비결은?
01. 긍정적이고 낙천적인 사고방식을 가졌다.

02. 걱정을 아무 쓸모 없는 허접 쓰레기와도 같다고 여겼다.

03. 꿈을 가슴 가득 품고 살길을 찾았다.

04. 강한 신념의 소유자였다.

보라! 이 얼마나 능동적이고 창의적인 위대한 도전 정신인가.

"우리는 잔걱정에 시달리지 말아야 한다. 잔걱정이란 건강하지 못한 마음에서 오는 파괴적인 습관에 불과할 뿐이다. 잔걱정은 태어나면서 갖고 나오는 게 아니다. 그것은 후천적으로 얻는 것이다. 그리고 모든 후천적인 습관이나 태도는 언제든지 바꿀 수 있다. 그러므로 잔걱정도 우리 마음에서 얼마든지 털어버릴 수 있다."

노만 V. 필 박사의 말이다.

사람은 누구나 걱정을 안고 살지는 않는다. 그것은 각 사람마다의 습관이며 성격에 기인할 뿐이다.

당신은 어떤 마음의 자세를 갖고 살아가겠는가?

이에 대한 답은 분명하다.

"나는 못된 걱정은 쓰레기통에 던져버리겠다."

당연히 잘하는 일이다.

지금 어떤 일로 걱정하고 있다면 다음의 걱정을 몰아내는 10가지 방법에 귀를 기울여라.

걱정을 몰아내는 10가지 방법

01. 걱정은 위험한 마음의 습관이다. 나는 어떤 습관도 변화시킬 수 있다고 자신에게 다짐하라.

02. 걱정을 하면 걱정의 노예가 된다. 독실한 신앙의 습관을 들여라. 그렇게하면 걱정으로부터 벗어날 수 있다. 모든 힘과 의지를 다해 신앙의 습관을 실천하라.

03. 매일 아침 잠자리에서 일어나 '나는 나를 믿는다.'라는 말을 세 번씩 소리 내어 외쳐라.

04. 오늘 하루를, 내 생명을, 내가 사랑하는 사람을, 나의 일을 신에게 맡겨라. 신은 약하지 않다. 어떤 일이 일어난다고 해도 신의 안에 있다면 그 무엇도 두려워 하지 마라.

05. 소극적으로 말하지 말고 항상 적극적이고 긍정적인 말만 하라. '오늘 재수 없는 날이 될 것 같다.' 는 말 대신 '오늘은 즐거운 날이 될 것이다.' 라고 말하라.

06. 대충대충 말하거나 일하지 마라. 비판적인 말이나 행동을 하지 마라. 압박감을 주는 분위기를 조성하지 말고 희망과 행복을 느끼도록 말하고 행동하라.

07. 걱정이 많은 사람 마음엔 우울함, 패배감, 부정적인 생각으로 꽉 차 있다. 이것을 마음으로부터 몰아내고 행복과 희망적이고 긍정적인 생각으로 가득 채워라.

08. 희망으로 가득 찬 사람과 교류하라. 창조적이고 낙관적인 사람과 소통하라. 긍정적이고 능동적으로 행동하라. 그리고 그런 사람을 자신의 주변에 배치하라.

09. 걱정으로 힘들어하는 사람을 도와주라. 남을 도와줌으로 그 걱정에서 해방될 수 있다. 남을 도와주다보면 자신의 마음에도 용기와 희망이 싹트는 것이다.

10. 매일 자신이 예수그리스도의 협력자가 되어 살아간다고 생각하라. 그리고 예수께서 자신의 곁에서 함께 한다고 믿어라. 모든 것은 믿는 대로 됨을 믿어라.

　－노만 V. 필

걱정을 지배하며 사느냐, 걱정의 노예로 사느냐는 스스로에게 달려 있다. 아무리 좋은 음식재료가 있다고 해도 그것으로 맛있게 요리를 잘 해야 맛깔스런 음식이 되는 것처럼 아무리 훌륭한 지혜가 있더라도 실행을 하지 않는다면 그림의 떡에 지나지 않는다.

인생을 좀 더 즐겁고 의미 있게 살고 싶다면 신념을 방해하고 성공을 가로막는 〈걱정을 몰아내는 10가지 방법〉을 지금 당장 숙지하라. 그리고 하나씩 실행해 옮겨라.

인간은 문제를 안고 살아간다. 가족문제, 건강문제, 돈문제, 직장문제, 연애문제, 친구문제 등 온갖 문제와 부딪치며 살아간다. 늘 문제를 곁에 두고 사는 연약한 존재가 바로 인간들이다. 그런데 이런 문제들을 해결하지 못하면 근심의 바다에 빠져 하나뿐인 인생을 허비하며 쓸쓸하게 살아가게 된다.

인생을 즐겁게 살아가기 위해서는 문제점들을 반드시 해결해야 한다. 인생의 문제를 떠안고 있는 한 즐거운 행복은 없는 것이니까.

문제를 명쾌하게 해결하는 10가지 법칙

01. 어떤 문제도 반드시 해결해내고 말겠다는 굳은 신

념을 가져라.

02. 고요한 마음으로 묵상하며 최대한 평안한 마음을 가져라.

03. 무리하게 문제를 해결하려고 하지마라. 순리에 따라 차근차근 해결하라. 문제 뒤엔 항상 답이 있는 법이다.

04. 주관적인 편견을 버리고 한 발 떨어져서 객관적으로 문제점을 바라보라. 처음엔 희미하지만 차츰 또렷하게 보일 것이다.

05. 문제점을 메모지에 하나씩 적어보라. 그리하면 좀 더 생각이 분명하게 된다.

06. 문제점에 대해 기도하라. 기도를 하면 안 보이던 길이 보일 것이다.

07. 인생의 선배나 스승에게 지혜를 구하라. 지혜를 구하는 것도 문제해결의 한 방편이다.

08. 책을 읽어라. 책 속에 해답이 있다.

09. 낯선 곳으로 여행을 하라. 새로운 기분을 전환시키는 것도 문제점을 해결하는 좋은 방법이다.

10. 현실에서 피하지 말고 적극적으로 대응하라. 적극적이고 능동적인 자세야말로 문제 해결에 최정점이 될 것이다.

사람의 능력은 노력 여하에 따라 무한히 계발할 수 있는 창의적인 존재이다. 진정으로 자신을 사랑한다면 어떤 문제 앞에서도 절대로 실망하거나 좌절하지 마라.

당신이 원하는 것이 있다면 찾고, 구하고, 두드려라. 그러면 반드시 찾게 될 것이고, 반드시 구하게 될 것이고,

반드시 열릴 것이다.

아무리 감나무 아래서 입을 악어같이 벌리고 있어 보라. 감을 얻을 수 있나. 어쩌다 떨어지는 감이 있다 하더라도 그것은 썩고 벌레 먹은 것뿐이다. 그렇다면 이에 대한 해답은 분명해진다. 장대를 들고 감을 따던가, 아니면 감나무에 올라가서 따던가, 하라. 그것이 최선의 방법이다.

살아가다보면 생각하는 대로 되어지는 일보다 그렇지 않은 일이 더 많다. 하지만 그렇다고 해서 손을 놓아서야 되겠는가? 당신에게 주어진 인생은 오직 당신 것이다. 하나뿐인 소중한 당신의 인생을 위해 승리자가 되라.

걱정의 노예가 되지 않는 법

첫째 걱정은 마음속에 쌓아둘수록 얼굴에 주름살만 늘어나게 한다.

둘째 걱정은 하면 할수록 백해무익한 것이다.

셋째 걱정이라는 못된 짐승이 자신을 구속하지 못하도록 틈을 주지마라. 걱정은 한 치의 겨를도 없이 마음에서 날려버려라.

넷째 걱정함으로 해서 꿈을 이룰 수 있다면 얼마나 좋을까? 걱정은 봄철의 황사처럼 백해무익하다.

다섯째 걱정은 현명이라는 단단한 뿌리의 나무를 잔바람 앞에서도 흔들리는 갈대가 되게 한다.

part 03

비전 전략을
철저하게 세우고,
미친 듯
행동하며 살아라

꿈이 제아무리 요동쳐도
실천이 없으면
개똥만도 못하다

우리들의 중요한 임무는 멀리 있는 것이 아닌
가까이 있는 분명한 것을 실천하는 것이다.
– 토마스 카알라일

▌행동이 없는 목표는 허구이다

신념이 제아무리 가슴에서 요동을 친다고 해도 자신이
이루고자 하는 목표가 없다면 그것은 한낱 바람에 날리는
황사와 같다. 목표란 실천하지 않으면 절대로 이룰 수 없
는, 마치 딸 수 없는 별과 같지만 확실하게 실천해 나간다
면 반드시 성사시킬 수 있다. 기초 공사를 하고, 벽돌을

쌓고, 지붕을 얹어 집을 짓는 것처럼.

가슴에 품은 푸른 꿈을 이루고 싶다면 목표를 철저하게 세워 오늘 이 마지막이라는 듯이 실천해야 한다. 아무리 목표가 번듯해도 실천이 없으면 헛된 망상이 된다. 실천하지 않으면 그 어떤 결과도 얻을 수 없다.

'그림의 떡'이란 말이 있다.

실천이 없는 목표가 바로 그것이다.

물론 실천을 해 나가다 보면 잘못도 있을 수 있고, 실패도 할 수 있다. 잘못하지 않고 실패하지 않는 인생은 그 어디에도 없다. 잘못과 실패는 흔히 있을 수 있다. 잘못하고 실패할까 두려워 해야 할 일을 하지 않는다고 가정해 보라. 얼마나 어리석고 어처구니없는 일이겠는가!

H. 푸라는,

"한 가지 목표를 세우고 그 길을 향해 걸어가라. 잘못도 하고 실패도 할 것이다. 그러나 다시 일어나 그 길을 향해 나아가라."

고 했다.

목표가 없는 인생은 죽은 인생이다. 자신이 죽은 인생으로 살고 싶지 않다면 목표를 세우고 과단성 있게 실천하라.

명품 인생이 되려면 꿈을 세워 독하게 행동으로 옮겨라

그림을 그릴 때 맨 먼저 스케치를 한다. 그리고 그 위에 알맞은 색을 칠해가며 그려나가는 게 순서이다.

삶도 이와 같다.

사람에겐 누구나 원하는 목표가 있다. 그런데 원한다고 해서 저절로 이루어지는 것은 아니다. 자신이 이루고 싶은 꿈에 대한 목표를 세우고 착실하고 독하게 실천해 나가야 한다. 그래야 명품 같은 삶을 살아갈 수 있다.

미국 사람들이 가장 존경하고 닮고 싶어하는 사람 중

한 사람인 벤자민 프랭클린!

그는 1706년 보스턴에서 태어났다. 하지만 그는 집안이 지독하게 가난해서 공부를 할 수 없었다.그래서 어린 시절부터 공부 대신 아버지가 경영하는 양초와 비누 만드는 일을 거들어야 했다. 그러다 형이 운영하는 인쇄소에서 견습공으로 일하게 되었다. 어린 그에게 매우 힘들고 벅찬 일이었지만 긍정적이고 능동적인 성격으로 잘 이겨낼 수 있었다.

그가 힘들고 어려운 현실을 잘 극복해 낼 수 있었던 것은 그에게 꿈이 있었기 때문이었다. 비록 그는 학교는 가지 못했지만 자신의 꿈을 이루기 위해 일하는 틈틈이 많은 책을 읽고, 대화하고, 글 쓰는 법을 스스로 공부해 나갔다. 그렇게 해서 실력을 쌓은 그는 가슴에 품은 꿈을 이루기 위해 어린 시절에 익혔던 인쇄술을 기반으로 〈펜실베니아 가제트Pennsylvania Gazette〉지를 인수하여 경영자가 되었다. 또 도서관을 짓고, 펜실베니아 대학교 전신인 필라델피아 아카데미를 창설하였다. 그리고 피뢰침을 발명하여 획기적인 성과를 이루어냈다. 그는 이런 공로를 인정받아 영국에 거주하지 않는 사람으로는 최초로 영국 왕립학회 회원으로 선정되었고, 영국 최고의 명예인 코플리상도 받았다.

그는 체신부장관이 되어 우편제도를 개선하고, 영국에 파견되어 '자주과세권'을 획득하고, 인지조례를 철폐시킴으로써 미국 국민들의 열렬한 지지를 받았다. 또한 그는 1775년 '대륙회의'의 펜실베니아 대표로 뽑혔고, 1776년에는 독립기초위원에 임명되었다.

프랭클린은 다방면에서 뛰어난 능력을 발휘하였다. 그가 그럴 수 있었던 것은 그의 천재적인 능력에도 있지만 그 보다는 목표를 확실하게 세우고, 철저하고 빈틈없이 실천해 나갔기 때문이다.

우리는 여기서 좀 더 진지해야 할 필요가 있다. 그가 자신에게 주어진 최악의 환경을 뛰어 넘어 최고의 인생명작을 쓸 수 있었던 것에 대해 주목해야 한다는 말이다. 그는 평범하게 살아갈 수밖에 없는 처지에 절대 굴하지 않고 극복해냄으로써 자신의 가치를 최고치로 끌어 올린 명품 인생이 되었던 것이다.

그와 똑같은 환경이라면 대개의 사람들은 자신의 처지를 비관하여 꿈을 포기했을 것이다.

그러나 그는 명품인생이란 목표를 위해 계획을 철저하게 세워 죽을 듯이 독하게 실천했기 때문에 미국인들의 영원한 영웅이 될 수 있었다.

▌목표 없는 인생은 죽은 인생이다

지금 우리의 젊은 세대는 그 어느 때보다 힘들게 살아가고 있다. 높은 학력에다 많은 기능을 갖고 있어도 취업이 쉽지 않다. 그러다보니 88만 원 세대라는 명예롭지 못한 신조어가 생겨 젊은이들을 좌절시키고 있다.

생각해보라.

보릿고개 시절, 그 때의 사람들은 얼마나 고통스럽게 살아왔는지를. 안개 낀 것같이 앞이 보이지 않던 시절에도 당시 사람들은 절망하지 않고 험난한 길을 헤치고 오늘에 이르렀다.

그들의 비법은 무엇이었을까?

당시에는 자본도 기술도 물자도 아주 취약했다. 눈에 보이고 손에 잡히는 확실한 것은 무엇도 없었다. 그야말로 최악이었다.

그러나 그들에게는 꿈이 있었다. 불타는 꿈이 그들의 가슴을 뜨겁게 만들며 노력하고 탐구하는 열정을 갖게 하였다. 그 결과 그들은 무에서 유를 창조했고, 오늘을 맞게 했다. 그런데 지금 힘들다고 아우성을 치는 것은 그 분들에 대한 예의가 아니다.

우리는 지난 시절 무에서 유를 창조해냈던 저력을 갖고 있다. 그 저력을 포기해서는 안된다.

가장 어려울 때를 기회로 삼아 일어설 수 있는 자가 슬기롭고 강한 사람이다. 당신도 그런 사람이 될 수 있다.

당신에게도 꿈이 있고, 푸른 마래가 있질 않은가. 그것을
잊어서는 안된다.

▌꿈을 실현하는 비법

01. 목표에 대한 준비를 철저하게 하라.

지금보다 나은 위치에서 살고 싶다면 하고자 하는 일
에 대해 잘 알아야 한다. 표피적으로가 아니라 깊이 아는
것이 좋다. 그러기 위해서는 지식이 많아야 한다. 자기가
목표로 하는 분야에 대해 자료와 정보를 수집하고, 관계
된 전문기관이나 사람들과 교류를 하는 것도 좋다. 그렇
게 될 때 폭넓은 지혜와 지식을 습득하게 되어 성공적인
길을 갈 수 있는 것이다.

02. 성공한 미래를 상상하라.

성공적인 인생이 되는 데에는 이것만큼 효과적인 것도 없다. 자신이 성공해서 즐겁게 살고 있는 모습은 생각만으로도 기쁘고 매력적이다. 그런데 어떻게 지금의 자신을 낭비하며 게으르게 내버려 둘 수 있단 말인가. 성공적인 인생의 길이 보이는데도 그대로 방치한다는 것은 자신에 대한 도리가 아니다.

03. 자신을 혹독하게 훈련시켜라. 그런 자만이 남보다 나은 자리를 차지할 수 있고, 행복한 삶을 누리게 된다. 자신을 강하게 담금질하는 사람이야말로 자신을 진정으로 사랑하는 사람이다. 자신에게 관대한 것은 자신을 방치하는 것과 같다. 자신에게 관대한 것을 사랑으로 안다면 그것은 착각이다.

냉정하게 생각하라.

동서고금을 막론하고 성공한 사람은 자신에게 냉엄할 만큼 혹독했다. 그것을 인정하는 사람만이 성공할 수 있다.

04. 실천하지 않으면 아무런 결과도 얻을 수 없다.

여기 최고급 한우와 최고의 양념이 있다고 가정하자. 그것을 맛있게 먹으려면 최고의 솜씨로 음식을 해야 한다. 그런데 손 끝 하나 까딱하지 않는다면 맛있는 음식은 없다.

또 매우 근사한 리조트 프로젝트가 있다고 하자. 그래서 많은 사람들이 투자하기로 했다고 하자. 그런데 기공식도 하지 않고 아무것도 달라지는 것이 없다면 그들이 그냥 돌아서는 것은 명약관화한 일이다. 실질적 진행이 되지 않는데 아무리 프로젝트가 좋으면 무엇 하겠는가.

실체가 없는 것은 아무리 겉을 멋지게 포장을 해도 소용이 없다. 단맛 없는 사탕을 좋아할 사람은 어디에도 없을 테니까.

당신에게 근사한 꿈이 있다면 온몸을 던져라. 당신이 움직이지 않고 가만히 있다면 누가 당신을 책임져 주겠는가? 당신의 인생을 책임질 사람은 오직 당신뿐이다.

05. 가난을 슬퍼하지 말고 꿈이 없음을 반성하라.

가난은 모든 면에서 불편하게 한다. 먹는 것, 입는 것, 자동차, 집 등 갖고 싶은 것 하고 싶은 것 그 모두를.

가난은 사람을 초라하게 만든다.

그러나 가난한 것보다 더 초라한 것은 꿈이 없는 것이다. 꿈이 없는 인생은 미래가 없다. 미래가 없는 인생이 어찌 풍요로운 내일을 기대할 수 있겠는가. 하지만 꿈이 있다면 문제는 달라진다. 꿈이 있다면 가난한 사람도 희망을 갖고 살아갈 수 있다.

꿈을 가져라.

"내일 비록 세상에 종말이 온다고 해도 나는 한 그루 사과나무를 심겠다"고 한 스피노자의 위대성은 강한 실천 의지에 있다. 여기서 사과나무는 꿈을 말한다.

인류는 많은 악조건 속에서도 거듭 진화를 해왔고, 앞으로도 진화해 나갈 것이다. 따라서 어떤 악조건 속에서도 강하게 적응해야 하고, 설혹 새로운 삶이 고달프게 하고 슬프게 해도 기죽지 말아야 한다.

바보들은 확실한 것을 두고도 머뭇거리지만, 지혜로운
자는 불확실한 것도 가능하게 만든다.

당신은 어떤 선택을 하겠는가?

그 선택 여하에 따라 당신은 바보가 될 수도 있고, 현자
가 될 수도 있다.

꿈을 실현하는 비법

첫째 목표에 대한 준비를 철저하게 하라.

현재보다 나은 위치에서 살고 싶다면 자신의 능력에 대해 잘 알아야 한다. 표피적이 아니라 깊이 아는 것이 좋다. 그러기 위해서는 폭넓은 지혜와 지식 습득이 있어야 한다.

둘째 자신의 성공한 미래를 상상하라.

성공해서 즐겁게 사는 모습은 생각만으로도 매력적이다. 그런데 어떻게 지금 자신을 게으르게 그냥 둘 수 있단 말인가.

셋째 자신을 혹독하게 훈련시켜라.

그런 자만이 남보다 나은 자리를 차지할 수 있고, 그만큼 행복한 삶을 누리게 된다. 자신을 혹독하게 담금질하는 사람이야 말로 자신을 진정으로 사랑하는 사람이다.

넷째 가난을 슬퍼하지 말고 꿈이 없음을 반성하라.

가난은 삶을 살아가는 데 불편하게 한다. 먹는 것, 입는 것, 갖고 싶은 것, 하고 싶은 것, 모두를 할 수 없다. 가난은 사람을 초라하게 만든다. 그러나 가난한 것보다 더 초라한 것은 꿈이 없는 것이다. 꿈이 없는 인생은 미래가 없다. 꿈을 가져라. 언제나 꿈꾸는 사람이 되라.

비전 전략을
철저하게 세우고,
오늘을 미친 듯
죽을 듯이 살아라

인생은 그가 노력한 만큼 하늘에서 그 몫을 받게 되어 있다.
힘들이지 않는 자에게 아무것도 주지 않는 것이 자연의 법칙이다.
– 호메로스

앉아서 기다리면 기회는 오지 않는다,

기회는 적극적으로 찾아서 만드는 것이다

　무슨 일을 시작할 때는 계획을 철저하게 세운 다음 일을 추진해야 한다. 또 계획을 빈틈없이 세웠지만 추진력이 약하면 그 일을 성공적으로 이끌어가기가 어렵다. 추진력은 자동차로 치면 엔진과 같다. 엔진이 약하면 차의 성능이 떨어져 제 기능을 다 할 수 없다.

일의 추진력을 높이려면 적극적인 자세로 임해야 한다. 책상머리에만 앉아 일을 성공적으로 이끈다는 것은 쉽지 않다. 물론, 인터넷 쇼핑몰이 활기를 띠는 정보화 시대이고 보면 그 또한 불가능한 것은 아니다. 그러나 분명한 것은 제아무리 정보화시대라고 해도 발로 직접 찾아가는 것과는 차원이 다른 것이다.

여기 맛있는 사과가 있다고 하자. 신문이나 인터넷을 통해 제품을 홍보할 수는 있어도 그 맛을 보여 줄 수는 없다. 소비자들은 그 사과의 맛이 어떤지를 알고 싶어 한다.

그렇다면 어떻게 해야 할까?"

사과를 가지고 직접 찾아가서 맛을 보여 주어야 한다. 그래서 사과의 맛이 확인되면 판매가 이루어지게 됨은 물론 판매량도 극대화시킬 수 있다. 따라서 가장 합리적인 판매 전략은 홍보와 발품, 이 두 가지이다. 직접 발로 뛰는 것처럼 확실한 건 없다.

한 가지 예를 들어보자.

자동차 마케팅에서 소비자들에게 쉽게 다가가는 방법은 무얼까? 그것은 소비자에게 차를 직접 몰아 볼 수 있는 기회를 주는 것이다. 즉, 시승이야말로 소비자들을 만족시킬 수 있는 좋은 방법이다. 왜냐하면 소비자가 직접 체험함으로써 자동차에 대한 관심을 높일 수 있기 때문이다. 선택의 기회를 직접 제공하는 것처럼 효과적인 마케팅은 없다. 그렇게 해서 고객으로 확보한 한 사람을 세일즈 포스트Sales Post로 삼아 한 사람이 두 사람이 되게 하고, 열 사람, 백 사람이 되게 하는 것이다.

하리 A. 오버스트리트 교수는 자신의 저서 〈인간 행동에 영향력을 주는 법〉에서,

"행동은 욕망의 소산이다. 그리고 경제계, 정치계, 예술계, 문화계 등 각 분야에 있는 사람들에게 해주어야 할 충고는 필요한 것을 알려주거나 창조해 주고 그것을 충족시켜 주라는 것이다. 그러나 그렇게 하지 못하는 사람은 고독하게 살게 된다."

고 말했다.

이 말의 의미는 남에게 필요한 것을 알게 해주라는 것이다. 즉 잘 살고 싶다면 남에게 필요한 것을 제공하라는 것이다. 이처럼 능동적이고 적극적인 자세야말로 상대방에게 자신의 존재를 확실하게 각인시키기 좋은 방법이다.

세계 아이스크림의 대명사인 배스킨 라빈스의 창업자 어바인 라빈스!

그가 배스킨 라빈스를 창업한 것은 1945년 제 2차 세계대전이 끝나고였는데 그때, 그는 군대에서 막 제대를 했을 때였다. 그 당시 아이스크림만 파는 가게는 누구도 상상하지 못했는데 그는 미국 캘리포니아 글렌데일에서 〈스노버드〉라는 이름의 가게를 냈다.

그는 훗날 이에 대해 말하기를 자신은 정신 나간 일을 벌이고 싶었다고 했다. 이는 기업을 남과 똑같이 하지 않고 개성 있게 운영을 하고 싶었다는 말이다.

라빈스는 매부와 동업을 하며 31가지 맛을 내는 아이

스크림 개발에 열정을 쏟아 부었다. 피나는 노력은 원하는 대로 놀라운 결과를 가져다주었다. 그의 톡톡 튀는 아이디어가 부와 명성을 안겨 주었던 것이다.

그는 미국을 벗어나 전 세계에 자신의 꿈을 심기 시작했다. 가만히 앉아서 꿈을 키워갈 수 없는 것이니까. 그렇게 적극적인 마케팅을 펼친 끝에 30여 개 나라에 5,800개가 넘는 매장을 거느리는 아이스크림 거부가 되었다.

그가 어린 시절 아버지가 운영하는 아이스크림 가게에서 손님들에게 아이스크림을 퍼주며 꾸었던 꿈은 그의 원대로 이루어졌다. 그래서 그는 행복한 삶을 사는 최고의 인생이 되었다.

꿈을 실현시키기 위해 최선을 다한 어바인 라빈스!

앉아서 기다리면 기회는 오지 않는다는 것과 기회는 적극적으로 찾아서 만드는 것이라는 것을 알고 철저한 도전정신으로 자신의 꿈을 이뤄낸 어바인 라빈스!

"꿈 꿀 수 있는 것은 그것이 무엇이든 다 이룰 수 있다"는 괴테의 말처럼 그는 꿈을 이루어냈던 것이다.

꿈의 기회를 찾는 적극적인 자세

01. 배나무 밑에 누워 기다린다고 해서 저절로 배가 입 속으로 들어오지 않는다. 배가 먹고 싶다면 직접 따서 먹어야 한다. 이것이 가장 확실한 방법이다.

02. 부지런한 새가 더 많은 먹이를 구하는 법이다. 더 많은 것을 얻고 싶다면 부지런한 새가 되어라.

03. 발로 뛰는 것만큼 확실한 것은 없다. 몸으로 부딪혀 얻는 것이야말로 당신의 인생을 더욱 견고하게 만들어 줄 것이다.

04. 인간관계는 혼자서 이루어지지 않는다. 만나고, 얘기하고, 웃고, 떠들면서, 때론 먹고 마시면서 만들어지는 것이다.

05. 자신을 변화시키는 가장 좋은 방법은 자신을 사람

들 앞에 노출시켜 그들과 함께 하는 것이다. 그래야 보고, 듣고, 얻을 것이 많아져 자신을 더 새로운 길로 나아갈 수 있게 한다.

시도하라, 그리고 계속 시도하라

아무리 태산 같은 꿈을 품고 있다고 해도 그것을 끄집어내어 시도하지 않는다면 그것은 꿈으로 끝나버린다. 행동이 따르지 않는 꿈은 소용이 없다.

자신의 목표를 이루고 싶다면 그 목표를 향해 적극적으로 밀어붙여라.

탱크의 법칙!

이것이 복잡 다양한 현대 경쟁사회를 살아갈 수 있는 최선의 방법이다.

김덕수 사물놀이패의 리더 김덕수!

그는 장인 정신으로 똘똘 뭉친 가장 한국적인 예술가이다. 작은 키에 당차고 단단한 그는 신명나는 사물놀이를 펼칠 때 가장 한국적인 사람이 된다.

그가 펼치는 사무놀이는 꽹과리, 징, 북, 장구 등 네 개의 타악기로 구성되어 있다. 어찌 보면 아주 단순한 것 같지만 함께 어우러지며 내는 소리는 듣는 사람들의 어깨를 흔들리게 하고, 덩실덩실 춤까지 추게 만드는 묘한 힘을 발휘한다. 이것이 그가 사물놀이를 만든 가장 중요한 요인이었다.

이제 사물놀이는 국악의 한 장르로 굳건히 자리를 잡은 지 이미 오래다. 국내는 물론 해외에서도 큰 반향을 일으키며 가장 한국적인 것을 상징하는 매체로 인정받고 있다. 그가 한국의 전통예술을 세계에 널리 알리게 된 것은 그의 신념 때문이었다.

그는 자신의 신념을 펼치기 위해 많은 고생을 하면서도 세계 곳곳을 누비고 다녔다. 그리하여 가장 한국적인 예술을 세계에 알린 가장 한국적인 예술인으로 인정 받고 있다.

그의 훌륭한 예술정신은 우리 것을 세계에 알리고자 하는 집념에 있다. 그는 새롭다는 명분 아래 외국 것을 무조건 선호하고 따라하기에 여념이 없는 사람들 속에서 고집스럽게 우리 것을 사랑하고 보존해왔다. 그리고 그것을 세계에 알리는 일에도 남다른 열정과 끼를 아끼지 않았다. 그는 단순한 국악인이 아니다. 기존의 것을 구태의연하게 가지고 있기만 하지 아니하고 더 새롭게 재창조한 창의적인 예능인이다.

자신이 무언가를 이루고 싶다면 시도하라, 시도하고, 또 시도하고, 계속 시도하라.

능동적으로 시도하는 자세를 기르는 법

01. 자신이 하는 일을 의심하지 말고 시도하라. 충분히 할 수 있는 일도 의심함으로써 망치게 된다. 그것을 경계하라.

02. 한 번 해서 안 되면 두 번, 세 번 그리고 될 때까지 하라. 해서 안 되는 일은 없다. 다만 끈기가 부족할 뿐이다.

03. 지금 할 일을 내일로 미루지 마라. 잘못된 습관이 평생을 간다. 잘못된 습관은 고질병과 같음을 명심하라.

04. 자신이 할 일을 남에게 미루지 마라. 왜 자신의 인생을 남에게 맡기려고 하는가. 그것처럼 멍청한 짓은 없다.

05. 길이 없으면 길을 만들면 된다. 로마로 가기 위해서는 로마로 가는 길을 닦으면 된다. 길이 없으면 찾고, 찾아도 없으면 만들어라.

06. 자신의 잘못을 남에게 돌리지 마라. 자신을 인정하는 것이야말로 가장 자신에게 솔직한 것이다. 잘못한 것은 다시 하면 된다. 조금 시간이 지체될 뿐이다. 그것을 두려워하지 마라.

07. 자신의 정체성을 잃지 마라. 정체성을 잃게 되면 그 어떤 일도 하기 싫어지고, 꿈과 목적의식이 달아난다.

이상 일곱 가지의 방법을 숙지하고 하나씩 하나씩 차분하게 실천해보라. 그러면 반드시 그 어떤 일도 능동적으로 시도하게 될 것이다.

▌비전^v 전략을 세워 오늘을 미친 듯이, 죽을 듯이 살아라

날마다 맞는 오늘이기는 하지만 매우 중요하다. 오늘은 어제와 내일을 이어주는 한 가운데 시간의 정점이다. 이 시간을 잘 쓰는 것이 다가오는 내일을 효과적으로 받아들이게 되는 것이다. 이 소중한 시간을 쓰레기처럼 허비할 수는 없지 않은가.

지금의 시간은 나하고는 무관하다는 듯 사는 사람들이

있다. 특히 정체성의 혼돈에 빠진 젊은 세대들이 더욱 그렇다. 물론 경제적으로 문제점을 안고 있어 뜻한 바를 실현한다는 것이 매우 힘들다는 것은 다 알고 있는 사실이지만, 그렇다고 해서 오늘의 시간을 될 대로 되라는 식으로 살아갈 수는 없다.

시간은 흐르는 강물과 같아서 사람들을 기다려주지 않는다. 시간을 가두어 놓을 수만 있다면 얼마나 좋을까? 필요할 때 필요한 만큼만 빼내 쓰면 좋을 텐데.

시간은 인간이 관리할 수 있는 범주를 벗어난 우주의 법칙이며 신의 영역이다. 누가 감히 신의 영역에 참여할 수 있단 말인가!

이치가 이런데도 시간을 남아도는 것처럼 허비한다면 그것은 자신의 손실이며, 나아가 사회적 손실이며, 국가적 손실이다.

그렇다면 얘기는 간단하다.

시간을 함부로 낭비하지 마라. 그것은 자신의 인생에 주어진 권리를 포기하는 것과 다름없다.

아무리 현실이 힘들고 어려워도 시빌 F. 패트릭의 〈오늘만은 이렇게 살자〉를 음미하며 용기와 희망을 얻어 즐거운 인생이 되라.

오늘만은 이렇게 살자

01. 오늘만은 행복하게 지내자. 진정한 행복은 외부에서 오는 것이 아니라 내부에 존재한다.

02. 오늘만은 자신을 사물에 적응시켜라. 사물을 지배하기만 해서는 안 된다. 가족, 일, 운을 있는 그대로 받아들여 자기를 거기에 적응시켜라.

03. 오늘만은 몸을 조심하라. 적당히 운동을 하고 영양을 섭취하라. 몸을 혹사시키거나 함부로 하지 마라. 그러면 몸은 내 명령에 따르는 완전한 일체가 될 것이다.

04. 오늘만은 내 마음대로 강하게 하라. 자기에게 이로

운 것을 배워라. 정신적인 게으름뱅이가 되지 마라. 노력과 집중력을 길러주는 책을 읽어라.

05. 오늘만은 세 가지 방법으로 영혼을 움직여라. 남이 알아차리지 못하게 선한 일을 행하라. 윌리엄제임스가 말한 것처럼 수양을 위해 적어도 두 가지는 자신이 하고 싶은 것을 하라.

06. 오늘만은 유쾌한 태도를 취하라. 되도록이면 기력이 왕성한 모습을 하고, 어울리는 옷을 입고, 조용히 말하고, 예의 바르게 행동하고, 아낌없이 남을 칭찬하라. 그리고 남을 비판하지 말며 그 어떤 약점도 지적하지 말고, 남을 훈계하거나 경고하지도 마라.

07. 오늘만은 오늘 하루를 위해 열심히 살아라. 인생의 모든 문제를 한꺼번에 처리하려고 하지 마라. 그 어떤 일도 단 한 번에 이루어지는 것은 결코 흔치 않음을 기억하라.

08. 오늘만은 하루의 프로그램을 짜라. 시간마다 해야 할 일을 적어 두라. 그대로 모두 다는 할 수 없을지라도 해보라. 초조와 게으름을 제거할지도 모르는 일이니까.

09. 오늘만은 30분 동안 혼자서 조용히 쉴 수 있는 시간을 가져라. 그리하면 자신의 인생에 대한 올바른 인식을 할 수 있을 것이다.

10. 오늘만은 두려움을 갖지 마라. 행복해져라. 아름다운 것을 즐기고 사랑하라. 내가 사랑하는 것이 나를 사랑하고 있다고 믿고 두려움을 갖지 마라.

로마제국의 황제이자 위대한 철학자인 마르쿠스 아우렐리우스는

"우리 인생은 우리가 생각하는 대로 이루어진다."

고 했다.

백 번 천 번 옳은 말이다.

지금 우리가 누리고 사는 모든 문명은 과거 선대 인류들이 만들어 놓은 터전 위에서 시작되었고, 지금은 우리들에 의해 진화를 계속하고 있다. 남보다 더 나은 인생을 추구하고 싶다면 남들이 무엇을 하던 개의치 말고 자신의 일에 몰입하라. 어느 분야에서건 몰입하는 자가 최후의 승자가 될 것이다.

늘 부지런 하라. 삶은 부지런한 인생을 원한다.

시빌 F. 패트릭의 〈오늘만은 이렇게 살자〉에서 보듯 긍정적이고 능동적인 마인드를 간직하며 항상 역동적인 생각을 갖는 당신이 되라.

삶은 그런 당신에게 원하는 것을 주고 승자의 기쁨을 누리게 할 것이다.

성공한 인생으로
살기를 원한다면
성공한 인생을 벤치마킹하라

누구나 중요한 사람이 되고 싶은 열망을 가지고 있다.
자신이 중요한 사람이 되고 싶다면 자신이 닮고 싶은 성공한 인생을
벤치마킹하라. 그것처럼 확실한 교과서는 없다.
– 김옥림

❚ 성공한 인생을 벤치마킹하라

"당신은 성공을 꿈꾸는가?"

라는 질문을 받는다면 누구나,

"그렇다."

고 대답할 것이다.

성공은 누구나 이루고 싶은 인간의 간절한 욕망이다. 이에 대해 정신분석학자인 프로이트는 인간은 누구나 하나의 공통적인 소원이 있는데 그것은 '위대한 사람이 되려는 욕망desire to be great' 이라고 말했다. 또 철학자 존 듀이는 그것을 '사회적으로 중요한 인물이 되려는 욕망desire to be important'이라고 했다. 이를 다시 하나로 묶어 정의한다면 인간은 누구나 VIPVery Important Person가 되길 원한다고 할 수 있다.

그렇다면 왜 인간은 중요한 사람이 되길 원할까?

그것은 인간의 마음속엔 남보다 내가 더 나아야 한다는 우월감이 자리하고 있기 때문인데 이는 남보다 더 폼나게 살고 싶기 때문이다. 그래서 남보다 더 좋은 집, 더 나은 차, 더 나은 직업, 더 나은 직책을 원하는 것이다.

이것이 인간 누구나가 가진 보편적인 본성이다.

그런데 문제는 아무리 이런 욕망을 마음속에 가지고 있다고 해도 그냥 되는 것은 아무것도 없다는 것이다. 자신의 뜻을 이루려면 코피 터지는 노력이 따라야 한다. 남들 잘 때 나도 자고, 남들 놀 때 나도 논다면 그것은 불을 보듯 빤한 결과를 가져온다.

어떻게 남하고 똑같이 하고서 그 이상을 바란단 말인가? 그것은 도둑놈 심보를 가지지 않고서는 절대 할 수 없는 생각이다.

그러면 어떻게 해야 성공의 길로 가서 중요한 사람이 될 수 있을까? 이는 매우 우스꽝스럽고, 상식을 밑도는 질문이다.

왜일까?

코피 터지게 노력하면 그 길이 보이는 확률이 그만큼 높기 때문이라는 것은 지극히 상식적인 거니까. 하지만 같은 노력을 기울여도 그 방법에 따라 그 결과는 달라진다. 그것은 효율성의 문제인데 피나는 노력도 중요하지만 그보다는 좀 더 효과적인 방법을 취해야 한다. 바로 자신이 가고 싶은 길에서 먼저 성공한 사람을 벤치마킹하는 것이다. 그 사람이 했던 대로 똑같이 따라만 해도 어느 정도는 좋은 결과를 기대할 수 있다. 왜냐하면 이미 그 방법이 검증되었기 때문이다.

뉴턴은 떨어지는 사과를 보고 당시 아무도 발견하지 못한 만유인력의 법칙을 발견해냈다. 그가 이뤄낸 연구 실적은 오늘의 과학을 발전시키는 데 지대한 공을 세웠다. 그런데 이런 뉴턴을 존경한 사람이 있었는데 20세기의 최고의 과학자라고 일컫는 아인슈타인이다. 아인슈타인은 뉴턴의 위대한 과학적 성과를 닮고 싶었다. 그래서 그런 마음을 가슴에 담아두고만 있지 않았다. 그는 뉴턴을 벤치마킹했다.

아인슈타인이 뉴턴을 벤치마킹한 것은?

01. 뉴턴의 만유인력의 법칙에 버금가는 연구실적을 남기겠다는 강한 신념을 가졌다.

02. 뉴턴의 진지한 연구 자세를 표본으로 삼았다.

03. 과학은 보다 실증적인 연구결과를 토대로 한다는 것에 주목했다.

04. 과학은 자신만의 만족을 위한 것이 아닌 전 인류를 대상으로 한다는 것을 원칙으로 삼았다.

아인슈타인은 뉴턴을 통해 자신이 가야 할 길을 분명히 파악했고, 그 결과 뉴턴을 뛰어넘는 최고의 과학적 성과물인 상대성 이론을 발견하는 놀라운 결과를 이뤄냈다.

미국 35대 대통령 존 F. 케네디는 40대의 나이에 전 미국인의 전폭적인 지지와 인기를 한 몸에 받았다. 그가 그렇게 절대적 지지를 받을 수 있었던 것은 전 세계 민주주의의 대표격인 미국의 대통령으로서 공산주의의 대표격인 구소련의 흐루시초프 공산당 총서기장과의 힘겨루기에서 절대적 우위를 점했기 때문이었다.

그가 내세운 정치적 기치는 강한 미국, 전 세계의 질서와 평화를 책임지는 세계 경찰국가로써의 미국이었다. 이러한 정책이 그를 미국의 미래 평화를 지켜줄 가장 적합한 인물로 강하게 인식되었던 것이다.

그는 언제 어디서 누구를 만나던 간에 당당하고 활기가 넘쳐났다. 그에게서는 '나의 사전에는 불가능이란 없다.' 고 말한 나폴레옹과 같은 굳은 신념과 의지가 불꽃처럼 타올랐다. 그런 그의 당당하고 멋있는 모습은 청소년들은 물론 일반인들에게까지 환상에 젖게 했던 것이다.

미국에는 전국에서 뽑힌 우수한 학생들에게 대통령 표창장을 수여하는 제도가 있다. 빌 클린턴도 학생시절 거기에 뽑혀 그가 평소 우상으로 생각했던 존 F. 케네디 대통령과 만났다.

그 이후 빌 클린턴은 대통령이 되겠다는 야망을 품고 캐네디의 행동을 닮아가기기 위해 노력했다. 케네디 대통령을 벤치마킹했던 것이다.

빌 클린턴이 케네디를 벤치마킹한 것은?

01. 케네디의 진취적이고 개혁적인 청년정신이다.

02. 케네디의 강한 삶의 철학정신이다.

03. 케네디의 굳은 신념과 강한 의지이다.

04. 케네디의 열정과 꿈이 넘치는 명연설이다.

05. 케네디의 당당함과 부드러움의 완급조절능력이다

벤치마킹 결과 빌 클린턴은 케네디처럼 40대의 젊은 나이에 세계의 대통령이라는 미국의 대통령에 당당하게 당선되었고, 재선에도 성공한 몇 안 되는 대통령이 되었다.

성공하고 싶다면 아인슈타인이 뉴턴을, 빌 클린턴이 케네디 대통령을 벤치마킹한 것처럼 자신이 닮고 싶은 성공적인 인물을 벤치마킹하라. 그러면 그를 뛰어넘는 결과를 이뤄낼 수도 있고, 그렇지 못하더라도 그와 비슷한 결과를 이뤄낼 수 있을 것이다.

자신만의 금언을 가져라.

▌금언을 매일 묵상하며 꿈을 키워라

강철 왕 앤드류 카네기!

그는 가장 성공한 기업인으로 지금도 전 세계에 회자되고 있다. 그는 미국인들에게 존경받는 인물이다. 그가 미국 경제발전에 기여하고 돈을 많이 번 훌륭한 기업가여서가 아니다. 그는 돈을 잘 씀으로 해서 훌륭한 기업인으로, 기부문화를 일으킨 사람으로 추앙을 받고 있다.

그는 1835년 스코틀랜드의 한 가난한 집 아들로 태어났다. 가난으로 인해 학교도 제대로 다니지 못하고 돈을 벌기 위해 일을 해야만 했다. 그의 나이 13세 때 그의 아버지는 미국으로 가자고 했고, 그렇게 해서 미국으로 이주하였다. 미국은 그의 가족에게 있어 꿈의 나라였다.

미국에 온 카네기는 돈을 벌기 위해 일을 했다. 일은 고되었지만 꿈을 잃지 않았다. 그는 피츠버그 전신회사에서 전보배달원 일을 하면서 실력을 기르기 위해 닥치는 대로 책을 읽었다. 자신의 꿈을 이루기 위해 차근차근

기회를 만들어 나갔던 것이다. 또 많은 정보를 입수한 끝에 미래에는 철강 산업이 붐을 일으킬 것을 예감하고 영국에서 제강에 대한 공부를 했다.

그후 미국으로 돌아와 제강회사를 설립하고 본격으로 철강산업에 뛰어들었다. 그는 자신의 성공적 비전^{Vision}을 위해 금언을 만들어 되새기며 매일 묵상하며 자신의 신념을 굳게 하였다.

카네기의 성공금언 20

01. 많이 구하면 많이 얻는다. 또 열심히 일하면 더 큰 것을 얻는다.

02. 공장장에게 적은 월급을 주는 대신 거액이 될 수 있는 주식으로 특전을 준다.

03. 생산 설비에서 가장 좋은 기계를 도입하여 대량생산 기반을 구축한다. 또 모든 근로자들에게 많은 월급을 주고, 대신 생산원가는 최대한 줄인다.

04. 기계와 약품 등 비품을 소중히 여긴다.

05. 사업의 결과는 매일 빠짐없이 보고받는다.

06. 돌발변수에 대해 항상 대비한다. 소문과 비평에 흥분하지 않고, 결코 흔들리지 않는다.

07. 수익금은 재투자한다.

08. 스스로 노력하지 않는 자는 돕지 않는다. 연구하고, 부지런한 자만 돕는다.

09. 재산을 얻는 것만으로 만족하지 않는다. 그것을 뜻 있게 씀으로 해서 가치를 극대화시키는 것이다.

10. 사업은 고상하고 진지한 기쁨이다. 그것은 평화와 이상의 건설과 같다.

11. 사치는 개인을 망치고 인류를 망치게 하는 요인이며 죄악이다.

12. 모방하지 말고 창조하라. 그리고 남보다 앞서 나가라.

13. 남에게 끌려 다니는 월급쟁이 근성을 가진 사람은 성공할 수 없다.

14. 고용되어 회사를 위해 일하는 것이나 자신의 사업을 위해 일하는 것은 마찬가지 일이다.

15. 깊이 생각할 줄 모르거나 과단성 없는 자는 성공할 수 없다.

16. 처음부터 저축하라. 성공을 이끄는 것은 저축이다. 저축하지 않으면 성공할 수 없다.

17. 하고자 하는 일은 시작하기 전에 충분히 검토하라.

18. 강한 신념과 큰 이상을 가져라.

19. 믿는 일, 하고자 하는 일은 자신 있게 하라. 도중에 절대 포기하지 마라. 성공할 때까지 밀고 나가라.

20. 노력하지 않는 자를 돕는 것은 죄악이다.

카네기는 위의 20가지 금언을 만들어 매일 되새기며 지켜나간 끝에 성공을 할 수 있었다. 그의 금언은 그에게 더욱 강한 신념을 심어주었고, 그를 어려움과 위기로부터 지켜준 '마음의 비타민'이었다.

이것이 비단 카네기만의 일이었을까?

아니다. 성공한 사람들은 자신만의 금언이나 좌우명이 있었다.

"나는 10대 때부터 전 세계의 각 가정에 컴퓨터를 설치하겠다고 다짐했다. 나는 반드시 그렇게 할 것이다"

이는 세계 제일의 부자이며 컴퓨터 황제인 빌 게이츠의 다짐이다. 그는 자신의 다짐대로 성공을 거두었다.

"나비처럼 날아서 벌처럼 쏠 것이다"

이 말은 너무도 유명한 말로써 권투를 좋아하는 사람이라면 누구나 한 번쯤은 들어보았을 것이다. 이는 세계 프로복싱사에서 가장 뛰어난 선수로 평가받는 무하마드 알리가 한 말이다. 그는 자신의 말대로 헤비급 선수지만 플라이급 선수 같은 빠른 몸놀림으로 조지 포먼, 조 프레이저 같은 쟁쟁한 선수들을 제치고 세계 헤비급 챔피언을 무려 3차례나 석권하는 전무후무한 기록을 남겼다.

빌 게이츠나 무하마드 알리의 경우에서 보듯 성공한 이들은 자신만의 금언이나 좌우명을 마음에 새기며 힘들고 어려울 때마다 그것을 채찍 삼아 자신을 이겨냈다. 꿈과 용기를 주는 한마디 말은 그 어떤 것보다 큰 힘을 준다.

성공하고 싶은가?

그렇다면 당신도 지금 당장 당신만의 금언을 만들어라. 그리고 당신의 눈에 제일 잘 띄는 곳에 붙여놓고 매일 확인하며 실천하라. 그러면 반드시 당신이 원하는 것을 얻을 것이다.

불가능은 없다. 언제나 할 수 있다고 믿어라

성공한 인생과 그렇지 못한 인생의 차이는 같은 일을 놓고도 가능성을 말하느냐, 불가능성을 말하느냐에 따라 달라진다. 성공한 사람들의 공통적인 특징은 항상 가능성을 믿었다는 것이다.

그러나 대개의 사람들은 불가능의 늪에 빠져 허우적거리며 불가능의 노예가 되었다. 불가능하다고 믿는 것과 불가능은 없다고 믿는 것의 차이는 수만 길이나 된다.

당신이 진정 성공을 꿈꾼다면 항상 가능성을 믿어라.

자신감이 넘치는 사람은 불가능을 믿지 않는다. 불가능을 믿는 것은 자신감이 없기 때문인데, 자신감은 성공적인 인생으로 살아가는 데 있어 '필수요소'이다. 그러므로 어떤 일을 성공적으로 이끌어 내기 위해서는 반드시 자신감을 가져야 한다. 그리고 나는 할 수 있다고 믿어야 한다.

세계적인 스포츠용품 및 의류회사인 푸마!

푸마는 한 때 전 세계 스포츠 용품을 독점할 만큼 번창했었다. 하지만 혜성처럼 등장한 나이키의 스타 마케팅에 밀려 퇴락의 길을 걷게 되었다. 이때 해결사로 등장한 사람이 요헨 자이츠이다. 그는 불과 서른 살에 새로운 CEO가 되었다.

그는 위기에 빠진 회사를 구하기 위해 특단의 요법을 처방하였다. 그는 브랜드 재건을 위해 박리다매의 판매 전략을 버리고 고급스러움을 강조하며 타사와의 차별화

를 시도했다. 그 결과 그의 예상대로 고급 이미지 부각에
성공을 거두었다. 그리고 유행에 따른 새로운 디자인을
도입하는 등 패션을 상품화하는 데 전력을 투구했다. 또
〈보그〉지에 대대적인 광고마케팅은 물론 할리우드 영화
사를 주주로 참여시키고, 브래드 피트 등 스타들에게 푸
마 운동복을 입히는 스타마케팅으로 젊은 고객 확보에 성
공하였다. 그 결과 위기에 처했던 회사는 다시 일어섰고,
그는 영국의 〈파이넨셜 타임스〉가 선정하는 '올해의 전략
가'에 3번 연속 선정되었다.

요헨 자이츠가 위기의 회사를 구하고 세계가 주목하는
CEO가 될 수 있었던 비결은 무엇일까?

요헨 자이츠의 성공비결

01. 스포츠용품 및 의류에 대한 풍부한 지식과 아이디
어를 갖고 있었다.

02. 철저한 자신감으로 무장되어 있었다.

03. 새로운 감각의 마케팅전략을 갖고 있었다.

04. 탁월한 경영의 리더십의 소유자였다.

05. 미래를 예측하는 예지 능력이 탁월했다.

06. '나는 할 수 있다'는 적극적인 실천가였다.

탁월한 한 사람의 CEO는 수천, 수만 명의 직원들을 먹여 살린다. 요헨 자이츠는 어린 나이에도 불구하고 충만한 자신감에서 오는 뛰어난 도전정신으로 성공적인 인생의 길을 걸어가고 있다.

자신감을 기르는 방법

01. 지금보다 다른 멋진 환경에서 살아가는 자신의 미래의 모습을 그려라. 그러면 자신이 그렇게 되고 싶어 용기를 갖고 도전하게 될 것이다.

02. 소극적인 생각이 들 때마다 스스로를 질책하라. 그리고 반성하라.

03. 안 된다는 생각이 들지 않도록 부정적인 생각의 싹을 잘라버려라.

04. 자신보다 나은 사람으로부터 주눅 들지 마라. 그 순간 패배자가 되는 것이다.

05. "나는 할 수 있다. 반드시 해내고야 말겠다"를 하루에 20번씩 외쳐라.

06. 실패를 두려워하지 마라. 모든 성공은 실패를 딛고 쟁취한 결과임을 기억하라.

07. 해서 안 되는 일은 없다고 믿어라. 현실과 당당하게 맞장을 뜨는 탱크정신을 가져라.

무엇을 망설이는가?
당신도 할 수 있다. 지금 당장 당신이 가장 잘할 수 있는 일을 찾아보라. 얼핏 없을 것 같아도 분명히 있다. 지금이란 현실이 못 견디게 당신을 힘들게 하고 아프게 할지라고 결코 좌절하지 마라. 아무리 힘들어도 죽는 것보다는 낫다. 그렇다면 죽을 각오를 하고 무슨 일이든 시도하라. 지금 자신이 하고 있는 일이 보잘 것 없어도 최선을 다하라. 그리하면 가난한 카네기가 앞이 보이지 않은 캄캄한 현실에서 미래를 발견했듯이 당신도 반드시 당신만의 미래를 활짝 열어가게 될 것이다.

오늘 당장 하라.

아니 지금 당장 시도하라.

그것이 당신에게 주어진 당신만을 위한 신의 미션이다.

자신감을 기르는 방법

첫째 지금보다 다른 멋진 환경에서 살아가는 자신의 미래의 모습을 그려라. 그러면 자신이 그렇게 되고 싶어 용기를 갖고 도전하게 될 것이다.

둘째 소극적인 생각이 들 때마다 스스로를 질책하라. 그리고 반성하라.

셋째 안 된다는 생각이 들지 않도록 부정적인 생각의 싹을 잘라버려라.

넷째 자신보다 나은 사람으로부터 주눅 들지 마라. 그 순간 패배자가 되는 것이다.

다섯째 "나는 할 수 있다. 반드시 해내고야 말겠다"를 하루에 20번씩 외쳐라.

여섯째 실패를 두려워하지 마라. 모든 성공은 실패를 딛고 왔음을 기억하라.

일곱째 해서 안 되는 일은 없다고 믿어라. 현실과 당당하게 맞장을 뜨는 탱크정신을 가져라.

part 04

지금보다 나은
내일을 위해
끊임없이 변화하라

자신을 늘 새롭게 변화시켜라. 모든 새로움은 새로운 변화에서 온다

> 매일 자신을 새롭게 하라. 몇 번이라도 새롭게 하라.
> 내 마음이 새롭지 않고서는 그 어떤 것도 기대할 수 없다.
> – 동양 명언

지금보다 나은 내일을 위해 변화하라

지금보다 더 나은 내일을 위해 시도할 수 없다면 지금보다 더 나은 내일은 결코 없다. 시도하지 않으면 그 어느 것도 새롭게 할 수 없는 게 세상의 이치다. 오늘의 자리에 안주하고 싶지 않다면 변화를 가로막는 생각의 고리를 끊어버려야 한다.

사람에겐 누구에게나 이상이란 그릇이 있다. 그 그릇은 사람에 따라 크기도 모양도 빛깔도 다 다르다.

그렇다면 바람직한 이상적 그릇은 어떤 것일까?

그것은 따로 있지 않다. 자신이 갖고 있는 이상의 그릇에 자신의 꿈을 맞추면 된다.

만약, 지금 당신이 이룬 결실이 당신의 이상의 그릇에 담기에 턱없이 부족하다면 새로운 변화를 모색해야 한다. 그런데 그걸 알면서도 망설이는 것이 보통 사람이다. 중요한 것은 그 범주에서 벗어 나야 이상을 실현시킬 수 있다. 언제까지나 보통 사람으로 머물러 있을 수는 없지 않겠는가.

사람들은 누구나 지금보다 더 나은 미래를 꿈꾼다. 그러면서도 지금을 넘어서지 못하는 것은 새로운 변화에 대해 두려움을 갖고 있기 때문이다.

두려움은 새로운 변화를 시도하는 데에는 최악의 적이다. 두려움은 근심을 불러일으키고, 걱정이란 올가미를

씌우는 사슬과도 같다. 두려움이 마음속을 차지하고 앉아 "하면 안 돼!" 하고 자꾸 제동을 걸어오면 자신도 모르게 두려움의 사슬에 걸려들고 만다. 그렇게 되면 더 이상 앞으로 나갈 용기를 놓쳐버리고 지금이란 틀에 갇히게 된다. 그것으로 이상의 나무는 더 자라지를 못하는 것이다.그러므로 마음의 고민으로부터 벗어나는 것이 급선무이다.

20세기의 가장 성공한 위대한 예술가 중 한 사람인 파불로 로이즈 피카소!

5척의 단신에서 뜨겁게 끓어오르는 열정으로 뛰어난 미술 세계를 선보이며 입체파 미술의 선구자로 영원히 기록을 남긴 그는 누구보다도 치열한 삶을 살았다. 그는 평범한 것을 거부했다. 그가 활동할 당시 프랑스와 북유럽의 화풍은 그에게 아주 매력적으로 다가왔다. 그중에서도 르누아르와 툴루즈 로트렉, 뭉크 등의 화법은 더욱 그를 매료시켰다.

하지만 그는 똑같은 화풍을 따르는 대신 자신만의 독창적인 화풍을 수립하기 위해 밤을 지새우며 실험을 계속해 나갔다. 그러는 가운데 중세의 조각품이나 화가 고야가 지닌 단순함과 엄격한 화풍에 자신만의 화법을 가미시키면서 한 발 나아가는 진전을 보였다. 그렇게 어느 한 화풍에 머무르지 않고 끊임없이 변화해 나갔다.

그런 그에게 새로운 변화가 찾아왔다. 세잔의 영향을 받아 그림이 점점 단순화되기 시작한 것이다. 그리고 마침내 그의 작품 중 최고작이라고 평가받는 〈아비뇽의 아가씨들〉을 그리게 되었다.

이 그림으로 그는 자신만의 화풍을 만들어내며 세계 화단에서 독보적인 존재로 거듭났다. 하지만 그는 거기서 만족하지 않고 브라크를 만나 본격적인 입체파 운동을 벌여나갔다.

그는 흐르는 강물처럼 자신을 새롭게 변화시키기 위해 끊임없이 탐구하고 노력을 게을리 하지 않았다. 그림뿐만 아니라 판화, 석판화, 벽화, 도자기 등 미술 전 분야에 걸쳐 시도해 나갔던 것이다.

피카소는 그림을 완성하는 데 오랜 시간을 소비하지 않았다. 보통 한 시간 정도면 충분했다. 대신 영감을 얻고 구상을 하는 데 많은 시간을 쏟았다. 이는 그만의 독특한 작법이라 할 수 있다.

피카소가 그 누구도 흉내낼 수 없는 자신만의 화풍을 만들어 낼 수 있었던 것은 한 자리에 머물거나 작은 성공에 만족하지 않고 늘 새롭게 변화하기 위해 밤낮으로 탐구하고 실험하는 것을 게을리 하지 않았기 때문이다.

지금의 시대는 끊임없이 변화를 요구한다. 변하지 않으면 남보다 나은 인생을 살 수 없다. 따라서 보다 나은 인생을 살기를 원한다면 피카소가 그랬듯이 늘 스스로를 채찍질하고 담금질하는 삶을 견지해 나가야 한다. 가만히 앉아 있는 자에게 신은 아무 것도 주지 않는다.

피카소의 성공 법칙

01. 한 자리에 머무는 것을 경계했다. 언제나 움직이며

역동적인 예술세계를 펼쳐나가기 위해 노력했다.

02. 실험정신이 투철했다. 그림뿐만 아니라 판화, 석판화, 벽화, 도자기 등 미술 전 분야에 걸쳐 시도했다.

03. 오랜 시간동안 탐구하고 작품을 구성하되 단숨에 그림을 그렸다.

04. 개성이 뚜렷한 화풍을 시도했다.

05. 무쇠도 녹이는 뜨거운 열정의 소유자였다.

▌새로움을 꿈꾼다면 낯선 두려움에서 벗어나라

사상가 몽테뉴는,

"내 생애는 불행으로 가득 차 있을 것처럼 생각했다. 그러나 그 생각은 틀렸다. 내가 생각하는 불행은 그다지 일어나지 않았다."

라고 말했다. 이 말은 미리부터 걱정하고 고민할 필요

가 없다는 말이다.

하지만 사람들은 무슨 일을 할 때 크게 두 가지를 생각한다. 하나는 일이 잘 되어야 한다는 것과 또 하나는 일이 안되면 어떡하지, 하는 것이다. 그런데 대부분 안 되면 어떡하지, 하고 생각한다. 이런 마음은 긍정적인 사고방식을 부정적으로 만들어 불안과 고민에 쌓이게 한다.

노벨 의학상 수상자인 알렉시스 카렐은,

"고민과 싸울 줄 모르는 실업가는 일찍 죽는다"

라고 했다. 이는 고민을 두려워하지 말고 적극적으로 물리치라는 말이다. 그렇지 않으면 고민에게 패배를 당해 결국은 자신이 하고자하는 새로운 일로부터 실패를 하게 된다는 것이다. 또한 고민이 얼마나 불필요한 것인지에 대해 조셉 F. 몬테규 박사는,

"위궤양의 원인은 음식에 있지 않고 인간의 마음이 고민으로 차 있기 때문이다."

고 했다. 고민이 인간에게 얼마나 백해무익한 것인지를 잘 알게 하는 말이다.

그렇다면 어떻게 해야 할까?

아무 짝에도 쓸데없는 고민을 마음으로부터 몰아내야 한다.

페니 스토어 창립자인 J. C. 페니는,

"나는 전 재산이 없어져도 고민하거나 그러지 않을 것이다. 고민한들 아무 소용이 없기 때문이다. 나는 최선을 다하고 결과는 신께 맡긴다'

라고 말했다. 이 얼마나 긍정적인 자세인가.

미국의 심리학자 윌리엄 제임스는,

"일단 어떤 결단을 내리면 그 다음에 해야 할 일은 오직 실천뿐이다. 그 결과에 대한 책임과 걱정은 완전히 버려야 한다."

고 말했다. 이 역시 불필요한 고민을 마음으로부터 몰아내라는 말이다.

J. C. 페니와 윌리엄 제임스의 공통적인 특징은 어떤 새로운 일을 할 땐 두려움에 고민하지 말고 자신이 하는 일에 최선을 다하라고 하는 데 있다.

생각해보라.

새로운 변화에 대해 시도하기도 전에 두려워한다면 그 일은 해보나 마나이다. 이미 마음에서 패배했기 때문에 실패할 확률이 그만큼 크다. 새로운 변화에서 승리하기를 원한다면 두려움을 없애고 철저히 준비하고 시도하라. 그리고 믿고 행하라.

믿음은 모든 것을 가능하게 하니까.

▌모든 새로움은 변화에서 온다

중국은 사회주의의 낡은 옷을 벗어버리고 과감하게 개혁을 시도한 이래 매년 두 자리 수의 경제 성장률을 보이며 세계 경제를 주도해나가고 있다. 아직은 미국이나 일본에 비해 턱없이 부족하지만 무서운 기세로 변화하고 있는 것이다.

중국이 오늘날처럼 변화를 꾀할 수 있었던 것은 덩샤오핑이란 탁월한 지도자가 있었기 때문이다. 작은 거인 덩샤오핑은 가난한 중국을 잘사는 나라로 만들고 싶었다. 그래서 그 어떤 지도자도 실행하지 못한 변혁을 일으키기 위해 노력했다. 그것은 폐쇄주의인 사회주의의 낡은 옷을 과감히 벗어버리는 거였다. 그리고 중국식의 개혁자본주의를 실시하는 거였다. 그의 정책은 한마디로 꿈의 혁명이었다. 그 결과 중국은 가난을 벗어나 세계 경제 흐름을 좌지우지할 만큼 변화에 성공을 거두고 있다.

이러한 중국 경제에 특이할 만한 젊은 CEO 펑샤오핑이 있다. 그는 태양광전지 웨이퍼(직접 회로를 만들 때 쓰는 얇은 판)를 생산하는 〈LDK솔라〉의 회장이다. 그의 나이 34세. 그는 2007년 〈포브스〉가 선정한 중국 부호 가운데 6위를 차지했다. 그의 순자산은 38억 달러이다. 젊은 나이치고는 상당한 재력가가 아닐 수 없다.

그가 이처럼 될 수 있었던 것은 변화를 두려워하지 않고 새로움을 찾아 끊임없이 도전하는 탐구정신 때문이었다. 그는 어려서부터 '세계' 속에서 최고가 되고 싶었다. 그는 자신의 미래를 위해 아버지의 권유를 뿌리치고 장시대 외무 역학원에서 국제무역학을 전공했다. 그것은 글로벌 감각을 키우기 위한 그만의 전략이었다. 그리고 일본어와 독일어를 독학으로 배웠고, 영어를 배우기 위해 만난 수많은 외국인들로부터 글로벌 감각을 키워나갔다.

그는 대학졸업 후 장안시 대외무역국에서 직장생활을 시작했지만 3년만에 안정된 직장에 사표를 내고 창업에 뛰어들며 새로운 변화를 시도하였다. 그는 1997년 안전작업복과 장갑, 작업용 안전장비를 생산 수출하는 〈리우싱 실업유한공사〉를 설립했다. 거기서 멈추지 않고 유럽여행을 통해 재생에너지 사업에 관심을 기울이게 되었고, 〈LDK솔라〉를 설립하게 된 것이다.

LDK^{Light DK Peng}은 '빛의 속도를 뛰어넘다'라는 뜻이다.

그가 34세의 젊은 나이에 크게 성공할 수 있었던 것은 안정된 직업을 버리고 새로운 변화를 시도했기 때문이다. 오늘 날의 그가 있기까지 그는 끊임없이 변화했고, 지금도 새로운 변화를 꿈꾸고 있다.

펑 샤오펑의 성공법칙
01. 미래를 위한 계획에 철저하게 자신을 맞추었다.
02. 늘 새로운 변화를 꿈꾸고 지금의 현실에 만족하지 않았다.
03. 늘 창의적인 아이디어를 얻기 위해 공부했다.
04. 새로운 변화에 적응하기 위해 노력했다.
05. 늘 자신을 배고프다고 여기는 헝그리 정신을 가졌다.
06. 자신만의 개성과 철학이 뚜렷했다.

인간의 삶에서 변화는 아주 중요하다. 모든 새로운 것들은 새로운 변화에서 오는 것이므로.

그러나 사람들은 그것을 잘 알면서도 그 진실성에 대해 의문을 갖곤 한다. 그 이유는 무얼까?

그것은 믿음이 없기 때문이다. 새로운 변화에 대한 확신이 없기 때문에 그것이 아무리 자신에게 이익이 되는 것이라 할지라도 섣불리 그 일에 뛰어들지 못하는 것이다. 그런 불신의 장벽을 과감하게 무너뜨려야만 새로운 변화를 시도해 나갈 수 있는 것이다.

그렇다면 자신을 새롭게 변화시키고, 자신이 하는 일을 변화시키기 위해서는 어떻게 해야 할까?

새로운 변화를 길러주는 마음의 법칙

01. 시도하지 않으면 아무것도 할 수 없다. 변화란 새로운 시도를 통해서만 가능하다.

02. 새로운 변화에는 늘 두려움과 걱정이 따른다. 이는 새로운 것에 대한 실패를 염려하기 때문이다. 새로운 변화를 원한다면 두려움의 사슬에서 벗어나야 한다.

03. 성공은 변화를 원하는 자에게 찾아오는 반가운 손님과 같다. 성공하고 싶다면 새로운 변화를 꿈꾸고 시도하라.

04. 지금의 자리에 안주하는 것은 더 나은 내일을 포기하는 것과 같다. 이상을 품고 새로운 변화를 꿈꿔라. 변화

하는 자만이 더 나은 이상을 실현 시킬 수 있다.

05. 변화는 모든 것을 가능하게 한다. 변화하지 않는 인생은 죽은 인생이다.

동양 명언에,

"매일 자신을 새롭게 하라. 몇 번이라도 새롭게 하라. 내 마음이 새롭지 않고서는 그 어떤 것도 기대할 수 없다."

라는 말이 있다. 이 말이 의미하는 것처럼 당신이 지금보다 더 나은 미래를 원한다면 날마다 당신을 새롭게 변화시켜라. 당신의 마음, 당신의 철학, 당신에게 주어진 모든 환경에 대하여.

새로운 시대는 새로운 인생을 원한다는 것을 항상 기억하라.

새로운 변화를 길러주는 마음의 법칙

첫째 시도하지 않으면 아무것도 할 수 없다. 변화란 새로운 시도를 통해서만 가능하다.

둘째 변화에는 늘 두려움과 걱정이 따른다. 이는 새로운 것에 대한 실패를 염려하기 때문이다. 새로운 변화를 원한다면 두려움의 사슬에서 벗어나야 한다.

셋째 성공은 변화를 원하는 자에게 찾아오는 반가운 손님과 같다. 성공하고 싶다면 새로운 변화를 꿈꾸고 시도하라.

넷째 지금의 자리에 안주하는 것은 더 나은 내일을 포기하는 것과 같다. 이상을 품고 새로운 변화를 꿈꿔라. 변화하는 자만이 더 나은 이상을 실현시킬 수 있다.

다섯째 변화는 모든 것을 가능하게 한다. 변화하지 않는 인생은 죽은 인생이다.

피할 수 없는 경쟁이라면
맞서 나가라.
당당하고 과감하게
그리고 반드시 이겨라

이기는 군대는 우선 이겨놓고 싸운다.
패하는 군대는 싸움을 시작하고 이기려고 한다
− 손자

인생은 경쟁이다

인생을 성공적으로 살아가려면 경쟁하는 일에 익숙해
지는 것이 필요하다. 경쟁에서 밀리면 패배자가 되기 때
문이다. 사람은 태어나기 전 이미 수억 대 일의 경쟁을 치
른다. 그리고 태어나는 순간부터 새로운 경쟁에 내몰리게

된다. 갓 돌 지난 아기들이 그림책을 놓고 경쟁을 벌이고, 3살 4살만 되면 유치원에서, 그리고 초등학교와 중고등 학교를 거치면서 더더욱 경쟁하는 일에 몰리게 된다.

세상에 그 어느 것도 경쟁이지 않은 것이 없다. 사람이 든 제품이든 반드시 경쟁하게 되어 있다. 경쟁은 살아가 는 동안 피할 수는 없는 숙명이다.

그렇다고 해서 경쟁이 부정적인 것만은 아니다. 경쟁 을 통해 인류는 변화를 거듭해 왔고, 그 변화를 통해 발전 을 지속해 왔다. 때문에 경쟁이 없는 사회에서 발전은 있 을까, 라는 질문은 의미가 없다.

경쟁에서 당당하게 맞서 나가는 것도 이길 수 있는 좋 은 방법이다. 물론 이기는 방법과 기술은 사전에 반드시 습득해야 한다. 손자병법의 '지피지기는 백전백승'이라 는 말처럼 경쟁에서 이기려면 관련된 모든 것을 알아야 한다.

무조건 돌격 앞으로는 곤란하다.

경쟁의 의미

01. 경쟁이란 과거에도 그러했고 현재도, 먼 미래에도 우리의 인생에서 피할 수 없는 의식과 같은 것이다.

02. 경쟁에서 밀리면 실패라는 붉은 딱지를 남기게 될 것이다. 피해갈 수 없는 경쟁이라면 과감하게 맞서 싸워 이겨라.

03. 자본주의 사회는 경쟁을 통해 발전한다. 경쟁의 긍정적인 효과는 내일을 위한 에너지의 충전이다.

04. 경쟁에도 질서는 있어야 한다. 상대가 아무리 편법을 쓴다고 해도 나는 정직하고 당당하게 상대를 제압해야 한다. 무질서한 경쟁자는 뿌리를 드러낸 나무와 같아 제 꾀에 스스로 쓰러지고 만다.

05. 경쟁에서 스트레스를 받지 말고 경쟁을 즐기는 것을 습관화하라. 즐기는 경쟁에 익숙해지면 성공 확률은 그만큼 배가 된다.

결과가 나기 전까진 절대 포기하지 마라

우리나라 역사상 최고의 영웅 이순신 장군!

승률 100퍼센트의 명장. 나라를 위기에서 구한 빛나는 등불. 조국과 민족을 자신의 목숨보다 더 사랑한 세계 최고의 지략가.

그는 온갖 중상모략을 받으면서도 자신의 신념을 절대 굽히지 않았다. 권모술수에 능한 간신들의 온갖 비방과 음모에도 결코 무너지지 않고 한 때 자신을 버린 임금과 나라를 위해 단 12척의 배로 수백 척의 왜군을 물리치고 승리했다.

만일 임진왜란 당시 그가 없었더라면 어떻게 되었을까.

인도의 시성 타고르가 예찬했듯이 동방의 등불로 과연 존재할 수 있었을까? 단연코 아니다. 왜일까?

그 당시 조선엔 이순신을 능가할 만한, 아니 그에 비견될 만한 인물이 없었다. 사람은 많아도 그를 뛰어넘는 인물은 없었다는 것이다. 그러기에 그의 업적에 대한 역사적 가치는 그만큼 크고 높다.

이순신은 지·덕·체를 모두 갖춘 명장 중에 명장이었다.

그는 전투에 임하기 전 전략을 철저하게 세웠다. 그리고 용병은 과학적 데이터를 바탕으로 했다. 적군의 위치, 지형, 군사의 수와 무기 종류, 지휘자가 누구이며 그 사람의 성격 등 다양한 데이터를 바탕으로 해서 전략을 세우고, 그 전략에 따라 전투에 임함으로써 한 번도 패한 적이 없는 영원불패의 기록을 남길 수 있었다. 그의 승전기록은 세계의 누구도 결코 세울 수 없었던 대기록이다.

이순신은 자기관리에 철저했고, 공과 사를 분명히 하였으며 어느 한 때에도 자신의 신념을 흐트러트린 적이 없었다.

이순신 장군의 승리법칙은?

01. 끝까지 경쟁을 포기하지 않았다.

02. 비방과 비난 속에서도 절대 신념을 굽히지 않았다.

03. 어떤 상황에서도 정직한 원칙을 고수하였으며 변하지 않는 소신을 가졌다.

04. 나라를 지켜야 한다는 철저한 사명감과 백성을 사랑하는 애국애민의 정신을 갖고 있었다.

05. 불가능은 없다는 임전무퇴의 정신으로 무장했다.

일본 해군의 영웅 도고 헤이하치로 제독.

그가 존경한 사람은 도요토미 히데요시도 아니고, 몽고메리 장군도, 넬슨 제독도, 나폴레옹도 아니었다. 자신의 조국에 패배를 안겨준 이순신 장군이었다. 그는 이순신 장군을 가장 존경했으며 닮기를 원했다. 왜 그랬을까?

이순신 장군의 뛰어난 지략과 애국심, 그리고 정직성과 신념 때문이었다.

경쟁에서 살아남기 위해서는 정직한 경쟁을 하라. 이순신 장군의 승리의 법칙을 따르라.

리 A. 아이아코카 크라이슬러 회장!

그는 다 쓰러져 가는 크라이슬러 자동차의 경영자가 되어달라는 부탁을 받고 흔쾌히 수락하였다. 다른 사람 같으면 결과가 뻔한 게임을 하지 않았을 것이다.

그는 포드 자동차에서 8년 동안 사장을 역임한 자타가 공인하는 탁월한 경영인이었다. 그런 그가 다 쓰러져 가는 크라이슬러 자동차의 경영자가 된다는 것은 어찌 보면 자살행위와도 같았다. 만약 잘못되기라도 하는 날엔 그동안의 명예가 한순간에 사라질 수 있기 때문이다.

생각해보라!

당신 같으면 그처럼 바보 같은 일을 하겠는가?

그런데 아이아코카는 그런 일을 벌였다. 사람들은 그런 그를 정신나간 사람처럼 여겼다.

그러나 그것은 기우였다. 그는 문제점들을 하나하나 해결하여 포드와 제너럴 모터스 같은 쟁쟁한 회사와의 경쟁에서 당당히 승리했고, 크라이슬러 자동차를 적자에서 흑자로 돌려놓았다.

리 A. 아이아코카 성공비법

01. 문제점을 정확하게 보는 경영마인드를 지녔다.

02. 탁월한 리더십의 발휘했다.

03. 경쟁을 두려워하지 않고 게임처럼 즐겼다.

04. 소신과 경영철학이 뚜렷했다.

05. 직원들을 존중하고 그들의 의견을 경청하였다.

06. 앞날을 예측하는 눈이 정확했다.

경쟁을 즐기면서 이기는 법

경쟁을 하다보면 많은 스트레스에 시달리게 된다. 이기려고 하는 데서 오는 긴장감과 초조함 때문이다. 그렇다면 경쟁을 게임처럼 즐기면서 할 수는 없을까?

일을 즐겁게 하는 슬기로운 10가지 원칙

01. 자신이 마치 아틀라스(그리스 신화에 나오는 거인)인 것처럼 착각하며 하늘을 짊어지고 있다고 생각하지 마라.

02. 자신이 하는 일이 즐거워지도록 노력하라.

그리고 자신을 변화시켜라. 그렇게 하면 자신의 일이 새롭게 보일 것이다.

03. 사업 계획을 치밀하게 세워라. 사업의 방법이 치밀하고 체계적이지 못하면 성공을 보장받을 수 없다.

04. 모든 것을 한꺼번에 하려고 하지 말고 하나씩 하나씩 처리하라.

05. 쉬우냐 어려우냐 하는 것은 그 일을 어떻게 생각하느냐에 따라 결정된다. 그러므로 마음가짐을 바르게 가져야 한다. 일이란 어렵다고 생각하면 실제로 어려운 것이 되고, 쉽다고 생각하면 쉬운 것이 된다.

06. 자신의 일에 정통해야 한다. 그것이 힘이다.

07. 마음을 너그럽게 갖도록 하라. 그리고 항상 홀가분한 마음으로 일을 대하라. 무리를 하거나 힘든 마음으로

해서는 안 된다. 아무런 고민도 하지 말고 밀고 나가라.

08. 오늘 할 수 있는 것을 내일로 미루지 말라. 정리되지 않은 일이 쌓이면 점점 일이 어려워진다. 오늘 할 일은 오늘 끝내라.

09. 자신의 일을 위해 기도하라. 그러면 효과적으로 마음에 여유를 갖게 될 것이다.

10. 눈에 보이지 않는 친구를 가까이 하라. 신은 우리의 일을 우리보다 더 잘 알고 있다. 어려운 일이 있을 때 신께 기도하라. 그리하면 홀가분한 마음으로 일을 할 수 있을 것이다.

이상은 노만 V. 필 박사의 〈일을 즐겁게 하는 10가지 원칙〉이다.

경쟁에서 밀려나지 않고 이기려면 즐겁게 일하는 슬기로움을 몸에 지녀라. 그러면 이기는 습관이 길러진다.

일을 즐겁게 하는
슬기로운 10가지 원칙

첫째 자신이 마치 아틀라스(그리스 신화에 나오는 거인)라도 되는 것처럼 하늘을 짊어지고 있다고 생각하지 마라. 또 자신을 궁색하다고 생각하지도 마라.

둘째 자신이 하는 일이 즐거워지도록 노력하라. 그렇게 하면 일이 힘든 것이 아니라 즐거움이 될 것이다. 따라서 자신을 변화시키면 일이 새롭게 보일 것이다.

셋째 사업계획을 치밀하게 세워라. 계획이 체계적이지 못하다면 바쁘기만 할 것이다.

넷째 모든 일을 한꺼번에 하려고 하지 말고 하나씩 하나씩 처리하라.

다섯째 자신이 하는 일이 쉬우냐 어려우냐 하는 것은 자신이 그 일을 어떻게 생각하느냐에 따라 달라진다. 그러므로 마음가짐을 바르게 가져야 한다. 일이란 어렵다고 생각하면 실제로 어려운 것이 되고, 쉽다고 생각하면 실제로 쉬운 것이다.

여섯째 자신의 일에 정통해야 한다. 아는 것이 힘이다. 일은 알고 바르게 하면 쉽게 된다.

일곱째 마음을 너그럽게 갖도록 하라. 항상 홀가분한 마음으로 일을 대하라. 무리를 하거나 힘든 마음으로 해서는 안 된다. 아무런 고민도 하지 말고 밀고 나가라.

여덟째 오늘 할 수 있는 것을 내일로 미루지 않도록 하라. 정리 되지 않은 일이 쌓이면 점점 일이 어려워진다. 오늘 할 일은 오늘 끝내라.

아홉째 자신의 일을 위해 기도하라. 그러면 마음에 여유를 갖게 될 것이다.

열번째 눈에 보이지 않는 친구를 가까이 하라. 신은 우리보다 우리의 일을 더 잘 알고 있다. 어려운 일이 있을 때 신께 기도하라. 그리하면 홀가분한 마음으로 일을 할 수 있을 것이다.

자신의 인생을
열정으로 가득 채워라.
항상 자신을 새롭게 코디하라

> 인생이란 한 권의 책과 같다. 어리석은 사람은 아무렇게나
> 책장만 넘기지만, 지혜로운 사람은 공들여 읽는다.
> 왜냐하면 그들은 단 한 번밖에 책을 읽지 못한다는 것을
> 알고 있기 때문이다.
> – 장. 파울

꿈과 열정이 있는 삶을 살아라

꿈이 있는 사람 얼굴엔 언제나 미소가 꽃처럼 피어 있다. 초롱초롱 빛나는 눈과 생기 있는 모습은 보는 것만으로도 즐겁다. 꿈은 사람에게 에너지를 불어넣어준다. 그래서 꿈이 있는 사람은 활력이 넘치고, 매사를 긍정적으

로 생각하고, 능동적으로 행동한다.

하지만 꿈이 없는 사람은 시들은 들꽃처럼 생기가 없고, 매사를 부정적으로 생각하고, 행동은 언제나 수동적이다.

꿈이 있고 없고는 한 사람의 인생을 극과 극으로 벌여 놓는다. 꿈이 있는 사람은 행복하게 살아가지만 꿈이 없는 사람은 삶을 불행이라고 여긴다.

여기서 분명히 해둬야 할 것은 꿈이 그저 막연한 꿈이 아니라 열정이 함께 하는 꿈이라야 하는 것이다. 아무리 찬란하게 빛나는 꿈을 품고 있어도 그 꿈을 실현시키려는 열정이 없다면 그것은 진정한 꿈이라고 할 수 없다.

꿈은 그것을 성취하려는 열정과 의지가 함께 할 때 꿈으로써 가치가 있는 것이다.

남아프리카공화국 첫 흑인 대통령 넬슨 만델라!

그는 코사족 자치구인 움타타에서 템프족 추장의 아들로 태어나 대학에서 법학을 공부하였다. 그는 변호사로 잘 살 수 있는 길을 버리고 흑인들의 인권 운동을 하기 위해 호랑이 굴로 뛰어들었다.

당시 남아프리카 국민들은 소수 백인들의 지배 아래 학대를 받으며 살고 있었다. 만델라는 이것을 매우 불평등하다고 생각했다. 그래서 이를 개선하기 위해서 백인들과 맞서기로 한 것이다. 그는 백인들로부터 흑인들의 주권을 찾기 위해 몸과 마음을 다 바치기로 결심하였다. 그것은 곧 그의 꿈이 되었다.

그러나 그의 꿈은 생각대로 이루어지지 않았다. 백인들은 남아프리카 최상류층으로서 국가의 옹호 아래 탄탄한 지배력을 행사하는 힘 있는 자들이었다. 모든 것이 백인 위주로 형성된 구조 속에서 그를 허물고 새로운 사회를 형성하기에 힘 없는 그로서는 요원했다.

하지만 만델라는 포기하지 않았다. 길이 없는 꽉 막힌 형상이었지만 꿈의 열정을 멈추지 않았다.

그는 한 가지 묘안을 생각해냈다. 세계의 언론에 자신들의 투쟁에 대한 정당성을 알리는 것이었다. 그는 자신의 뜻을 분명하고 단호하게 주장했다. 그 결과는 매우 놀라웠다. 그동안 그들에 대해 관심조차 갖지 않았던 언론들이 관심을 기울이며 경쟁적으로 보도했다. 그렇게 해서 유엔을 비롯한 세계 각국으로부터 관심을 끌어들이는 데 성공했다. 그는 그 일로 투옥과 출소를 반복하는 고통을 겪으면서도 결코 자신의 꿈을 포기하지 않았다.

그 후 만델라는 그 공로를 인정받아 노벨 평화상을 수상하며 끝내는 남아프리카공화국 최초의 흑인 대통령이 되었다.

만델라가 흑인들의 인권을 지켜내고 대통령이 될 수 있었던 것은 꿈을 포기하지 않고 열정적으로 투쟁했기 때문이었다.

만델라가 꿈을 이룬 비결

01. 어떤 상황에서도 꿈과 열정을 포기하지 않았다.

02. 호랑이를 잡으려면 호랑이굴로 들어가야 하듯 맞서 싸우길 주저하지 않았다.

03. 세계 언론의 힘을 이용했다.

04. 투철한 민족주의자로서 동족의 주권을 자신의 삶보다 우선시 했다.

05. 자신과의 싸움에서 자신을 이겨냈다.

인생이란 한 권의 책과 같다

장 파울은,

"인생은 한 권의 책과 같다."

고 했다. 이는 인생을 한 권의 책에 비유해서 한 말인데 매우 의미 있는 비유이다.

책을 읽을 때 그 내용을 제대로 알기 위해서는 정독을 해야 한다. 그래야 내용이 어떠하며, 주제가 무엇인지를 알 수 있다.

하지만 수박 겉핥기식으로 읽으면 그 내용이 무엇인

지, 주제는 어떠한지를 잘 알 수 없다.

책 한 권을 읽는 것도 이럴진대 인생을 대충 산다는 것은 있을 수 없는 일이 아닌가. 그렇다면 이야기는 분명해진다. 자신의 인생을 자신이 공들이지 않으면 안 되는 것이다. 다시 말해 잘 살아야 한다는 말이다.

브라질 출신의 세계적인 작가 파울로 코엘료!

그는 대표작 〈연금술사〉로 우리에게 매우 친숙한 사람이다. 자아를 찾아가는 한 젊은이의 여정을 그린, 마치 동화 같은 그의 소설은 어린왕자의 순수성을 보는 듯한 착각에 빠지게 한다. 〈베로니카 죽기로 결심하다〉, 〈피에트라 강가에서 나는 울었네〉, 〈11분〉, 〈오자히르〉 등 그의 작품은 성경을 우화로 풀어쓴 듯 가깝게 다가온다. 특히 〈연금술사〉는 전 세계적으로 3,000만 부나 팔린 초베스트셀러이다.

그는 처음부터 소설가의 길을 걸은 것이 아니다.

꿈 많은 10대 시절, 세 차례나 정신병원에 입원한 병력을 가지고 있다. 청년시절에는 브라질 군사 독재에 항거하며 반정부 활동을 펼치다 두 차례나 감옥에 갇혀 고문을 당하기도 했다.

그 후 그는 히피 문화에 빠져 록밴드를 결성하고, 120여 곡을 써서 브라질 록음악에 막대한 영향을 끼쳤다. 또 저널리스트, 배우, 희곡작가, 연극 연출가, 텔레비전 프로듀서 등 다양한 분야에서 일을 하며 자신의 영역을 넓혀 나갔다.

하지만 그는 1982년에 떠난 유럽여행에서 신비로운 체험을 경험한 뒤 세계적인 음반회사의 중역자리를 버리고 산티아고 데 콤포스텔라로 순례를 떠났다. 그러면서 그 경험을 〈순례자〉라는 소설로 쓰며 작가의 길로 들어섰다. 이듬해, 그의 성공작인〈연금술사〉를 썼고, 그로 인해 전 세계에 폭넓은 독자층을 가지게 되었다.

프랑스 정부로부터 '제지옹도뇌르 훈장'을 받았다.

그리고 지금은 브라질에 '코엘료 인스티튜트'라는 비영리단체를 설립해 빈민층 어린이와 노인들을 위한 자선 사업을 벌이고 있다. 또 2007년부터는 유엔평화대사로 활동하고 있다. 한마디로 그는 누구보다도 치열하게 살아 왔고, 그 결과 행복하게 살아가는 이 시대의 위대한 작가 가 되었다.

코엘료의 성공비결

01. 다양한 삶의 체험을 통해 자신만의 영적 세계를 구 축하였다.

02. 자기 주관이 분명하였다.

03. 개성적인 문체와 작품에 대한 치열한 문제의식을 갖고 있다.

04. '무언가를 간절히 원할 때 온 우주가 소망이 실현 되도록 도와준다'는 낙관적이고 긍정적인 생각을 가지고 있다.

05. 새로운 만남을 통해 소재를 찾는 체험주의를 원칙 으로 삼았다.

▌항상 자신을 새롭게 코디하라

새롭다는 것, 그것은 아침에 마시는 신선한 생수와 같은 이미지를 갖고 있다. 새로운 일, 새 친구, 새 직장, 새 희망 등 새롭다는 것은 뜨거운 열정을 갖게 만든다.

생각해보라!

날마다 그날이 그날이라면 인생이 얼마나 지루하겠는가.

어떤 사람들은 사는 것이 즐겁다고 말하는데, 어떤 사람들은 사는 게 곤혹이라고 말한다. 사는 게 즐겁다고 하는 사람은 늘 역동적이고 창의적적으로 행동한다. 하지만 사는 게 곤혹스럽다고 하는 사람은 늘 게으르고 수동적인 고정관념에 빠져 산다.

그렇다면 어떻게 해야 지루하지 않고 즐겁게 살 수 있을까?

항상 자신을 새롭게 코디하라. 자신의 마음, 자신의 생각, 자신이 하는 일에 새로운 에너지를 불어넣어라.

자신을 새롭게 코디하는 법

01. 생각이 녹슬지 않도록 새로운 정보를 습득하라. 생각이 녹슬면 퇴보할 수밖에 없다. 자신을 뒤처지게 한다는 것은 자신에 대한 모독이다.

02. 책을 읽고 정서를 풍부하게 하라. 정서가 풍부해야 인지능력도 좋아지는 것이다.

03. 성공노트를 준비하라. 자신감을 길러주고 긍정적인 생각을 갖게 하는 글을 적어 마음에 새겨라.

04. 하루 일 중 잘한 일과 잘못한 일을 점검하라. 잘한 것은 지속적으로 행하고 잘못한 일은 즉시 시정하라.

05. 나보다 나은 사람의 습관을 배워 따라서 해보라. 좋은 습관은 자신이 성공적인 인생이 되는 데 밑거름이 되어줄 것이다.

06. 오늘이 내 인생의 마지막인 듯이 살아라. 그런 마음을 갖고 살면 한 순간도 자신을 소홀히 할 수 없다. 그래서 더욱 자신을 새롭게 하는 데 집중하게 된다.

▌인생이 풍요로워 지는 성공습관

좋은 습관은 인생을 풍요롭게 한다. 그것은 돈으로도 살 수 없고, 누가 대신 해줄 수도 없다. 반드시 자신이 스스로 해야 한다.

왜일까?

그래야 자신의 것이 되니까.

성공한 인생들의 가장 특별한 성공요소는 남과 다른 '좋은 습관'을 가졌다는 것이다. 좋은 습관이 있느냐 없느냐하는 것은 그래서 큰 의미를 갖는 것이다. 좋은 습관은 '성공의 비타민'이다.

당신도 인생을 풍요롭게 살고 싶을 것이다. 그렇다면 문제는 간단하다. 좋은 습관을 길러라.

마음이 풍요로워지는 성공습관

01. 신념을 습관화하고, 신념형 인간이 되라.

02. 인생을 변화시키는 삶의 나침반인 인생의 멘토Mentor

를 정하라.

03. 나는 누구인가? 나를 알아야 세상을 딛고 우뚝 설 수 있다.

04. 마음을 병들게 하는 걱정은 쓰레기통에 확 던져버려라.

05. 꿈이 제아무리 요동친다고 해도 실천이 없는 비전은 개똥만도 못하다.

06. 비전전략을 철저하게 세우고, 오늘을 미친 듯, 지금 하고 있는 일에 죽을 듯이 열정을 바쳐라.

07. 성공한 인생으로 살기를 원한다면 성공한 인생을 벤치마킹하라.

08. 자신을 늘 새롭게 변화시켜라. 성공은 새롭게 변화시키는 데서 온다.

09. 피할 수 없는 경쟁이라면 맞서 나가라. 당당하고 과감하게, 싸워서 반드시 이겨라.

10. 자신의 인생을 열정으로 가득 채워라, 항상 자신을 새롭게 코디하라.

자신을 새롭게 코디하는 법

01. 생각이 녹슬지 않도록 늘 새로운 정보를 습득하도록 하라. 생각
이 녹슬면 퇴보할 수밖에 없다. 자신을 뒤처지게 한다는 것은 자신의 인
생에 대한 모독이다.

02. 책을 읽고 정서를 풍부하게 하라. 정서가 풍부해야 인지능력도
좋아지는 것이다.

03. 성공노트를 준비하라. 자신감을 길러주고 긍정적인 생각을 갖게
하는 글을 적어 마음에 새겨라.

04. 하루 일 중 잘한 일과 잘못한 일을 점검하라. 잘한 것은 지속적으로 행하고 잘못한 일은 즉시 시정하라.

05. 나보다 나은 사람의 습관을 배워 따라서 해보라. 좋은 습관은 자신이 성공적인 인생이 되는 데 밑거름이 되어줄 것이다.

06. 오늘이 내 인생의 마지막인 듯이 살아라. 그런 마음을 갖고 살면 한 순간도 자신을 소홀히 할 수 없다. 그래서 더욱 자신을 새롭게 하는 데 집중하게 된다.

그래도 해라
아무것도 아닌 것처럼

오늘은 슬피 울어도

내일은 기쁨이 찾아올지도 모른다

오늘은 분노로 가득 차나

내일은 소리 내어 크게 웃을지도 모른다

오늘이 인생의 마지막인 것처럼 허무해도

내일은 희망이 푸른 날개를 퍼덕이며

찾아올지도 모른다

아무것도 아닌 것처럼

오늘은 내 주머니가 비록 초라하지만

내일은 가득 찰지도 모른다

오늘은 날 알아주는 이가 없어도

내일은 날 찾아주는 사람들로

차고 넘칠지도 모른다
아무것도 아닌 것처럼

당신이 하는 일에 대해
이렇다 저렇다 비방을 해도
자신의 일이 옳다면
결코 주눅들거나 멈추지 마라
아무것도 아닌 것처럼

당신에게 주어진 영광에 대해
시샘하거나 따돌릴지라도
당신의 노력으로 이룬 것에 대한
긍지와 자부심을 갖고
더욱 더 자신에게 최선을 다하라
아무것도 아닌 것처럼

내 마음 같이 믿었던 사람이

어느 순간 등을 돌리고 떠나갈지도 모른다

진실로 당신이

그를 이해한다면 그를 용서하라

아무것도 아닌 것처럼

누군가가 도움을 요청하면

매몰차게 물리치지 마라

내일은 당신이 누군가에게

도움을 요청할지도 모른다

있는 그대로를 믿고

있는 그대로를 받아 들여라

아무것도 아닌 것처럼

어제는 오늘을 몰랐던 것처럼

내일도 잘 알 수 없지만

삶은 늘 그렇게 지내왔고 그래서 미래는

언제나 신비롭고 영롱하다
아무것도 아닌 것처럼

오늘 하늘은 맑고 푸르지만
내일은 그 하늘을 영원히 못 볼지도 모른다
그래도 오늘 하루는 당신에게 주어진 일에
묵묵히 정성을 다하라
아무것도 아닌 것처럼

-김옥림

원하는 것은 시도해야

　나는 이 책을 쓰는 동안 자신감으로 충천해 있었다. 꿈과 희망을 주고 아름답고 행복한 인생을 위한 글을 쓰다 보니 나도 모르게 충만해 있었던 것이다. 그러다보니 자연스럽게 성공에 대해 다각적으로 생각하게 되었다.

　나는 성공의 빛깔은 각기 다르다고 생각한다.

　노래하는 이에게는 자신이 부르고 싶은 노래를 부르는 것이, 그림을 그리는 이에게는 자신의 원하는 그림을 그리는 것이, 글을 쓰는 작가에겐 자신이 쓰고 싶은 책을 쓰는 것이, 선생님이 되고 싶은 사람은 자신의 교육이념을 실현시키는 교사가 되는 것이, 직장 생활을 원하는 사람에겐 자신이 원하는 직장에서 꿈을 이루는 것이 성공이 될 것이다. 그러므로 성공을 부와 명성과 좋은 자리에만 국한시키는 것은 다양성을 요구하는 현대사회에서는 지독한 모순이 아닐 수 없다.

　사람들의 재능과 생각이 다양한 만큼 성공이란 개념을 다양화해야 한다. 성공이란 각자가 느끼기에 따라, 원하는 것에 따라 다르기 때문이다. 따라서 자신이 가장 잘할 수 있는 것으로 자신의 길을 걸어가는 것이야말로 진정한 성공이 아닐까 한다.

지금 당장 당신이 가장 잘할 수 있는 것이 무엇인지를 생각해보라.

혹여, 그것이 남들이 보기에 그저 그런 것처럼 보일지라도 당신에게 기쁨을 주고 꿈을 주고 행복을 줄 수 있다면 자신감을 갖고 시도하라. 내가 행복하고 좋으면 됐지, 남들 눈치 볼게 무어란 말인가. 그렇다고 해서 그들이 당신에게 쓴 커피 한 잔이라도 사줄 것도 아닌데 말이다.

당신 인생은 당신 것이고, 당신만이 당신을 가장 행복하게 할 수 있는 존재이다. 친구도 사랑하는 사람도 결국은 당신이 아니질 않는가.

당신이 좋으면 그냥 시도하라.

이 책이 당신의 인생에 있어 지혜를 주고, 꿈을 키우고, 당신이 어려운 일에 빠져 허덕일 때 신념과 용기를 주는 좋은 친구가 되어줄 것으로 믿는다.

어려움을 이기는 10가지 법칙

2009년 8월 1일 초판 1쇄 인쇄
2009년 8월 5일 초판 1쇄 발행

지은이 김옥림
펴낸이 임종관
펴낸곳 미래북
신고번호 제 302-2003-000326호
주소 서울특별시 용산구 효창동 5-421호
전화 02-738-1227
팩스 02-738-1228
이메일 miraebook@hotmail.com
디자인 페이퍼마임
ISBN 978-89-92289-21-4 03320